嫡传白猿通背拳自晚清以来在北京历传五代的主要传人

▲ 石鸿胜（1794—1892）
石鸿胜和祁太昌换艺而产生祁家通背拳
张策从学于祁家通背拳后又创立五行通背拳

▲ 张文成（1815—1904）
张文成代师收徒教马晓合而产生
牛街白猿通背拳

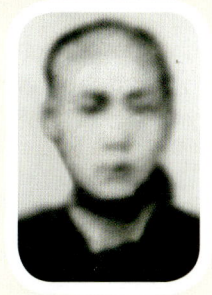

▲ 刘宝明（1878—1938）

▲ 马德山（1877—1954）

▲ 杨起顺（1925—2007）

深切缅怀授业恩师杨起顺先生

▲ 1977年，笔者（右）调离北京前，蒙恩师杨起顺（左）提议，爷俩在前门大北照相馆合影留念

嫡传白猿通背拳概论

▲笔者调回上海工作后，多次邀请恩师到江南游玩。1988年春笔者（右）及其长子仇兆明（左）与恩师杨起顺（中）在上海外滩合影留念

▲笔者调回上海后，经常利用出差等机会去北京看望恩师。2005年9月，笔者（左）去北京看望恩师杨起顺（右），爷俩在家里促膝谈心

03

▼ 2007年4月7日恩师归真，笔者（左）前往北京和恩师爱子杨福（右）一起送别他老人家。之后根据回民的习俗，每逢恩师一、三、六、十、十六周年的忌日，笔者都携太太和弟子专程从上海去北京，跟恩师家人一起给他老人家上坟

▲ 2008年恩师归真一周年，笔者（右）携弟子曹树勇（左）和徐春宏同恩师家人一起给恩师上坟

嫡传白猿通背拳概论

▲ 2010年恩师归真三周年，笔者（右）携太太黄彩萍（左）同恩师家人一起给恩师上坟

▲ 笔者与恩师儿媳妇、小女儿、小女婿

嫡传白猿通背拳概论

▲2013年恩师归真六周年，笔者携弟子曹树勇、严浩、谈峥、王放军同恩师家人一起给恩师上坟

嫡传白猿通背拳概论

▲ 2017年恩师归真十周年，笔者和太太及师弟翟希亚，携弟子张英、严浩、于飞同恩师家人一起给恩师上坟，为师父师娘坟头除草、培土

嫡传白猿通背拳概论

▲ 2023年恩师归真十六周年，笔者和太太及师弟翟希亚，携弟子郑煜瑞、曹树勇、徐春宏、严浩同恩师家人一起给恩师上坟，为师父师娘坟头除草、培土、修树

为北京通背拳申遗提供帮助

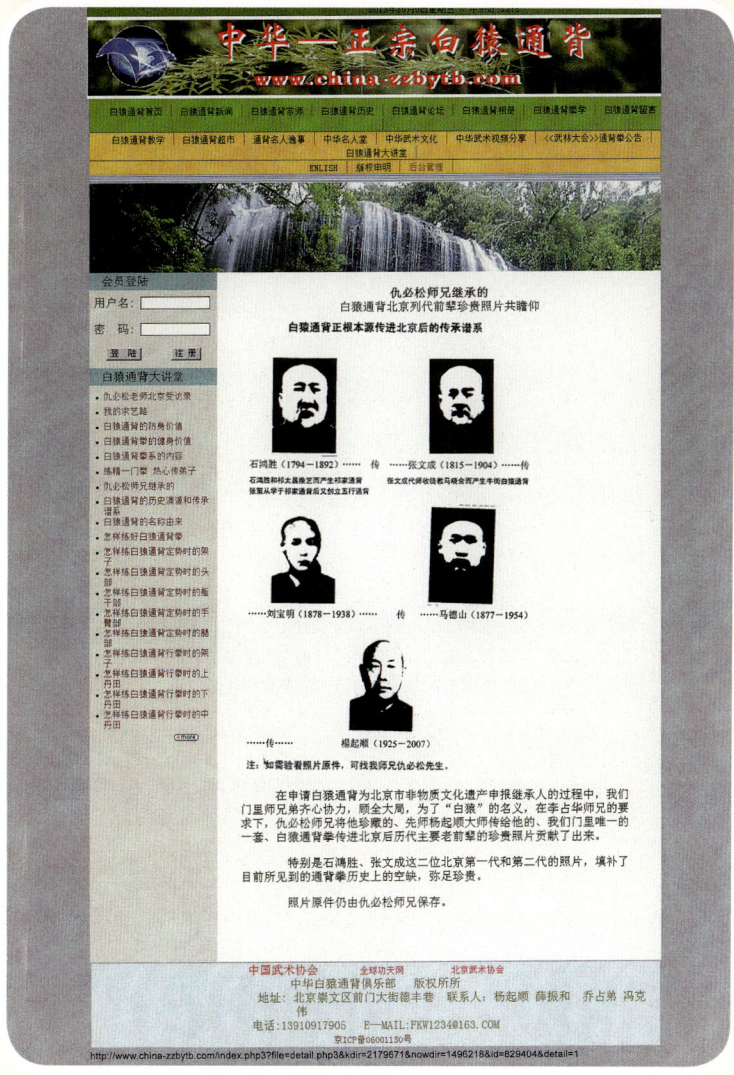

▲ 2009年，在北京练祁家通背拳、五行通背拳、牛街白猿通背拳和笔者师门练白猿通背拳的师弟们联合申请北京市非物质文化遗产时，他们都拿不出照片等资料。因此，笔者师弟李占华请远在上海的笔者帮忙，笔者给他们提供了恩师传给他的唯一一套白猿通背拳传入北京后历代主要传人的照片等。这是当时笔者北京师弟负责的网站截图

证书号第6270328号

外观设计专利证书

外观设计名称：体育器材（白猿通背拳兵器白猿梭）

设　计　人：仇必松

专　利　号：ZL 2019 3 0502414.8

专利申请日：2019年09月12日

专利权人：仇必松

地　　址：215431 江苏省苏州市太仓市浏河镇听海雅苑14幢301

授权公告日：2020年12月25日　　授权公告号：CN 306250241 S

国家知识产权局依照中华人民共和国专利法经过初步审查，决定授予专利权，颁发外观设计专利证书并在专利登记簿上予以登记。专利权自授权公告之日起生效。专利权期限为十年，自申请日起算。

专利证书记载专利权登记时的法律状况。专利权的转移、质押、无效、终止、恢复和专利权人的姓名或名称、国籍、地址变更等事项记载在专利登记簿上。

局长
申长雨

2020年12月25日

第1页（共2页）

其他事项参见背面

▲白猿梭于2013年在长春举办的全国武术之乡套路比赛中首次亮相并广获好评；于2020年年底获得了国家专利

得到学术界的认同

▲ 2019年12月8日，笔者（前排左二）和师弟翟希亚（前排左五）应邀前往北京体育大学参加《中华武术通史》编撰项目启动仪式

▲ 2021年3月，笔者被苏州大学体育学院聘为武术与民族传统体育系校外指导教师

受到国家体育总局武术运动管理中心的关注

▲ 2018年7月13日，国家体育总局武术运动管理中心主任、党委书记、中国武术协会主席陈恩堂（中）到太仓浏河调研、观看笔者为学生上白猿通背拳训练课，与笔者频频互动，对笔者赠送的《嫡传白猿通背简介》颇感兴趣（右为江苏省武术协会副主席、太仓市武术协会主席袁国强，左为太仓市武术协会白猿通背拳培训中心主任张英）

嫡传白猿通背拳概论

▲ 2016年11月28日,国家体育总局武术运动管理中心青少年武术部李小杰主任率全国各省市武管中心主任到太仓市明德小学观摩、调研白猿通背拳进校园情况

嫡传白猿通背拳概论

仇必松 著

人民体育出版社

图书在版编目（CIP）数据

嫡传白猿通背拳概论 / 仇必松著 . -- 北京：人民体育出版社，2023（2024.5重印）

ISBN 978-7-5009-6347-9

Ⅰ.①嫡… Ⅱ.①仇… Ⅲ.①通背拳—基本知识 Ⅳ.① G852.17

中国国家版本馆 CIP 数据核字 (2023) 第 148039 号

*

人 民 体 育 出 版 社 出 版 发 行
北 京 新 华 印 刷 有 限 公 司 印 刷
新 华 书 店 经 销

*

710×1000　16开本　10.75 印张　150 千字
2023 年 11 月第 1 版　2024 年 5 月第 2 次印刷

*

ISBN 978-7-5009-6347-9
定价：65.00 元

社址：北京市东城区体育馆路 8 号（天坛公园东门）
电话：67151482（发行部）　　邮编：100061
传真：67151483　　　　　　　邮购：67118491
网址：www.psphpress.com

（购买本社图书，如遇有缺损页可与邮购部联系）

序

武术在我国有着悠久的历史，是诞生于人类生产劳动和生活实践的一类传统文化形态。其悠远的历史和多样的健身、技击及教育特色，对中华民族产生了巨大的影响。近年来，随着国家对非物质文化遗产的重视，许多流行于民间且具有较高历史价值的传统武术拳种陆续被列入不同级别的保护名录，其中 2020 年被列入江苏省苏州市第七批非物质文化遗产名录的太仓白猿通背拳便是其代表之一。根据文献记载和口传资料，白猿通背拳发展有着较为久远的历史，自清道光年间鲁云清开始，其传承发展的历史开始清晰起来，传至仇必松先生已是白猿通背拳嫡传第 21 代。

我是 2019 年 10 月在《中华武术通史》编写会议上认识仇必松先生的，他虽然从事工程技术工作，但对中华传统武术有着近乎痴迷的热爱。自 1965 年毕业分配至北京工作开始，即追随白猿通背拳嫡传第 20 代主要传人杨起顺先生学艺。在跟师 40 余年的学习过程中，全面掌握了白猿通背拳系的拳术、内功、器械和理论，对通背拳系的源流和传承谱系有着深入的了解和研究。同时，仇必松先生还在社会各界带徒、授课，为白猿通背拳的传承与发展作出了贡献。

仇必松先生不仅在技术上倾力传承、推展，亦由源流、文化内涵等方面对白猿通背拳进行了全面研究，而《嫡传白猿通背拳概论》即是他潜心研修武学数十年的心血结晶，书中对白猿通背拳的研究体现出作者很高的学术水准和深厚的学养。

在《嫡传白猿通背拳概论》一书中，仇必松先生通过大量的旁征博引，厘清了通背拳的名称由来、历史源流和分化演变，同时对各分支之间的关系进行了全面梳理，对通背拳的历史研究作出了有益的贡献。通观全书，有以下四个特色：

第一，书中对白猿通背拳系的拳术、器械、重手功夫等进行了全面描述，尤其是对长期以来笼罩着神秘面纱的白猿通背拳的内功，做出了详细分析，进行了较为全面的呈现。

第二，书中呈现的"白猿通背拳对身体的要求"研究，分析得非常具体，对习练白猿通背拳者有很好的指导意义，对习练其他内家拳种者也具有一定的参考价值。

第三，书中"白猿通背拳的十二秘诀"研究内容，实际上是将以前仅在少数入门弟子中传承的技艺做了公开的展示，显示仇必松先生在中国武学研究方面的无私与慷慨。

第四，作者在研究白猿通背拳老拳谱的基础上，结合我国古典哲学、兵法乃至传统的中医理论，对白猿通背拳的拳理要义做了全方位阐述，彰显了白猿通背拳的丰富文化含量，反映出白猿通背拳所具有的典型而优秀的非遗特色。

仇必松先生对白猿通背拳的研究，既坚持传统，又不故步自封。尤其是对老拳谱的研究，利用现代科学中的理论力学、动力学与人体解剖学等多个学科的知识，做出了科学的解析与分析，指出了运用丹田气、提高速度和发劲大、用

序

劲巧等主要技法的科学原理。既揭示了白猿通背拳的罕见特色，亦在客观上揭去了传统武术丹田气、发劲大和用劲巧等方面的神秘面纱，为深受现代科学知识熏陶的人们研究传统武术增添了兴趣，这对推广弘扬中华非遗文化是极为有利的。

值得提及的是，仇必松先生于书中关于如何练好白猿通背拳的介绍，不仅是泛泛而谈的理论分析，还展示了可供实际操练的方法。除了古老拳谱的原则要求，更有作者具体细致的解读、分析和鲜明生动的比喻，甚至倾囊介绍了自己多年来练习、传授白猿通背拳的实践经验。这种情怀实际上与仇必松先生多年来在实践中培养出多名国家级、省级散打与推手比赛冠军和套路比赛冠军有着密不可分的关系。

该书是一本理论结合实际的颇具新意成果，言人之所未言，其中有不少内容在之前为不传之秘。希望该书的问世，对我国传统武术进一步挖掘整理和弘扬发展，起到积极的推动作用。

武术由技术而言对我是一个陌生的领域，好在我学过一点历史，又阅读过武术史方面的一些研究成果，就有感而发写了上面一些文字，也算我通读此书和近年来混在学术界的一点感受，承蒙仇必松先生不弃，就算作序吧。

崔乐泉

2022 年 9 月 8 日

前　言

早就有朋友提议我写本关于白猿通背拳的书了，一直没有动笔。原因有二：一是觉得外面武术方面的书籍已经很多了，再添上一本新的抑或被遗忘在角落里，弄不好成了隋珠弹雀；二是觉得自己水平有限，怕写不好，有辱先贤。后朋友一再催促，认为我的东西与众不同、值得弘扬。想到自己已年届耄耋，风烛残年了，若再不写，恐怕以后也写不成了。同时，我也觉得自身有责任将鲜为人知的嫡传白猿通背拳资料提供给爱好者研究，也就不再藏拙，于是硬着头皮试试。

首先要说明的是书名中的"嫡传"两字。我们文化传统中以谦虚为美德，所以对一些标榜自己的言辞，是尽量避讳的，似乎就不该有"嫡传"两字（当然，对不是"嫡传"的说成"嫡传"，肯定给予鄙视，有关部门也应予以制止）。然而，目前京津冀和东北、西南等地分布的各式通背拳，基本都来源于嫡传白猿通背拳，是我们的分支。如果真正的嫡传自己都不敢承认，这是无原则的谦虚，也不符合实事求是的精神。

我在长期施教过程中发现，面对面、手把手地教拳，弟子都不容易学得像样。初学者若仅靠看书中图片和文字说明去练，则更难把握拳术的真义，会白白浪费大量时间和精力。

所以《嫡传白猿通背拳概论》未介绍具体套路，主要从白猿通背拳的历史渊源、风格特征、文化内涵、科技知识、拳理要义、习练要求及其防身健身价值等方面进行系统阐述，以期让读者对这门千年古拳有较全面的了解。此外，还将白猿通背拳的一些要诀和功法等也呈现在读者面前，供武术爱好者参详。

"天下武术是一家"，武术在理论方面相通之处甚多。武学之妙，青胜于蓝。本着交流学习的原则，本人在书中分享了自身研修武学70余年的一些心得体会，读者若能从书中略有所得，吾心慰矣！

由于本人水平有限，对前辈的教诲有的领悟不到位，有的词不达意，一定会有不少缺失和错误，敬请批评指正！

本书初稿完成后，我师弟翟希亚和弟子张英等进行了校对、勘误。对他们的劳动，深表感谢！

在拙作即将开印之际，江苏省人民政府于2023年11月3日发文公布，白猿通背拳入选江苏省第五批非物质文化遗产代表性项目名录。

仇必松

目　录

第一章　白猿通背拳的源流 ……………………………001
第一节　白猿通背拳的名称 ……………………………002
第二节　白猿通背拳的传承谱系 ………………………007
第三节　白猿通背拳的主要分支 ………………………027
第四节　嫡传白猿通背拳及其主要分支的主要区别 …034

第二章　白猿通背拳拳系的内容 ………………………038
第一节　白猿通背拳的拳术 ……………………………038
第二节　白猿通背拳的内功 ……………………………041
第三节　白猿通背拳的功力训练 ………………………044
第四节　白猿通背拳的器械 ……………………………050

第三章　白猿通背拳对身体各部位的要求 ……………056
第一节　定势时对架子的要求 …………………………058
第二节　定势时对头部的要求 …………………………059
第三节　定势时对躯干部的要求 ………………………060
第四节　定势时对手臂部的要求 ………………………063

第五节　定势时对腿部的要求 …………………… 064

第六节　行拳时对架子的要求 …………………… 066

第七节　行拳时对上丹田的要求 ………………… 070

第八节　行拳时对下丹田的要求 ………………… 073

第九节　行拳时对中丹田的要求 ………………… 075

第四章　白猿通背拳的十二秘诀 …………………… 078

第一节　三位 ……………………………………… 078

第二节　三节 ……………………………………… 079

第三节　三尖 ……………………………………… 080

第四节　三连 ……………………………………… 080

第五节　三口 ……………………………………… 081

第六节　三部 ……………………………………… 082

第七节　三先 ……………………………………… 084

第八节　三进 ……………………………………… 085

第九节　三欺 ……………………………………… 085

第十节　三变 ……………………………………… 086

第十一节　三断 …………………………………… 087

第十二节　三合 …………………………………… 089

第五章　白猿通背拳的四大要素 …………………… 092

第一节　心意 ……………………………………… 092

第二节　丹田气 …………………………………… 093

第三节　速度 ……………………………………… 101

第四节　劲力 ……………………………………… 106

第六章　白猿通背拳的两项原则 ……………………114

第一节　练为了战 ……………………114

第二节　能拼才会赢 ……………………115

第七章　白猿通背拳的特征 ……………………118

第一节　浑然一体的技术体系 ……………………118

第二节　内外相合的周身运动 ……………………120

第三节　躯干带动四肢的磅礴拳势 ……………………123

第四节　注重防身抗暴的实战性拳种 ……………………124

第八章　白猿通背拳的价值 ……………………128

第一节　传统文化的载体 ……………………128

第二节　科学知识的结晶 ……………………137

第三节　防身抗暴的绝技 ……………………141

第四节　强身健体的法宝 ……………………147

附录：老拳谱影印件 ……………………153

第一章　白猿通背拳的源流

嫡传白猿通背拳是源流有序，拳理明晰，风格独特，技术全面，自成体系的千年古拳。它包括拳术、内功、器械、桩、袋和重手功夫等多个部分，体系完整。

嫡传白猿通背拳择徒授艺历来非常严谨，坚持"艺不轻传"，绝对不传"匪类之人"。受社会环境的影响，其保密程度也是不待说的，大多数人只能学到一些零星单操手，而能全盘、系统地继承其技艺者寥若晨星。由于白猿通背拳嫡传基本以单传为主，传播的面很窄，加上白猿通背拳的正根本源出自道家，具有深刻的道家思想烙印，笃守拳谱上说的"高明者身居世外，隐居山林，弹琴佩剑，逍遥自乐；石室虽小，别有天地，五车书，三尺剑，一炉香，此吾之志耳"这种超凡脱俗、不求闻达、与世无争的处世哲学，直到现在，这门技艺的真实内容、系统理论和内涵奥秘仍然鲜为人知。

此外，嫡传白猿通背拳主要传人掌握的技艺，在近代、现代和当代，既没有经历"学院派"的"润色"，也没有经历"专业队"的"改装"，更没有跟随社会上的"时尚派"赶时髦"创新"，造成了这个拳种未能广泛流传。然而，也正因这样，嫡传白猿通背拳以其"洁身如玉"且始终坚持传承有序的老传统，成为目前我国传统武术中仍保存着相当完善且原汁原味、原生态的搏击特征和理论体系的古老拳种，是传统武术中的"活化石"。

第一节　白猿通背拳的名称

一

通背拳，在一些书籍、报纸和网络的文章中，也被写作"通臂"拳。从杨起顺先生传给笔者的拳谱上看，拳名叫"通背"。

中国武术的流派和拳种颇多，名目繁杂，而各个拳种的名称来由，大概有以下五个方面：其一是根据发源地点得名，如少林拳、华拳、南拳等；其二是根据传说中的创始人命名，如太祖拳、岳家拳、燕青拳等；其三是根据模仿动物的形象得名，如形意拳、螳螂拳、猴拳、鹰爪拳等；其四是根据动作形态得名，如地趟拳、醉拳等；其五是根据动作特点得名，如意拳、太极拳、通背拳等。

"通背"是"通背猿心猿家"的俗称。老前辈对"通背"的原则解释是要求"四路通肩，八路通背"，即以"四肩定位，使背贯通，从八个方向"，实际上是指从任何一个方向都能出手发招。具体地讲，就是习练通背拳时背上两块肩胛骨要动起来，即"琵琶骨活如扇"，一般要做到"五通"：背上两块肩胛骨能够左右两边连动的背背相通；肩胛骨与手臂肱骨等上肢骨关节协调连通的背臂相通；两块肩胛骨与胸椎脊柱能相对运动，或两块肩胛骨以胸椎脊柱为轴心运动的背脊相通；以锁骨与肩胛骨的肩峰相连的肩头引领肩胛骨运动的肩背相通；腰椎跟肩胛骨作相应运动，以腰胯催动肩背部的腰背相通。

背背相通、背臂相通、背脊相通、肩背相通和腰背相通，这"五通"是通背拳这个拳种运动的基本要求。只有按照这个要求练，才能体现出这个拳种的风格特色。

白猿通背拳将人体分成"三部九节"，出招发劲时要求有"三部丹田五部运气"的功夫，讲究"内合外顺"，做到一个"整"字：要能"起于根，发于腰，通于背，达于梢"。例如，当手从上路出击时，如果背不通的话，那起于根，发于腰的劲就到不了梢节手上，到梢节手上的劲就不大，发劲就不整。

白猿通背拳在讲究上丹田功夫时，要求"活于背，通于臂"。在拳谱《基本操手秘诀法》里，出手时要求"前胸空，后背绷"和"吸胸沉气，探背松肩"；行拳时要求"肩如扶担，琵琶骨活如扇"。

"前胸空，后背绷"和"吸胸沉气，探背松肩"，可以理解为类似太极拳的"含胸拔背"和"气贴背脊"。"肩如扶担，琵琶骨活如扇"，就是两个肩在前后换位的时候，要像南方人挑担子，在不停步地行进中换肩那样，即肩一错位，担子就从一侧肩上移到了另一侧肩上。此外，要做到调肩换背灵活、沉稳而又有劲，就必须要在"前胸空，后背绷"和"吸胸沉气，探背松肩"的基础上，使左右两边背与背通、背与臂通，同时，出去的肩不仅要"甩"，更要靠另一侧的一个肩去挤它，这样才会既整又快又有劲。

"肩如扶担，琵琶骨活如扇"的动态形象，最能体现出白猿通背拳的形象特征和技术风格。"通背"就是要背通，背不通，就不称其为通背了。

以上讲的要么是对背要通的要求，要么是通了背的重要性，讲的都是背。

关于臂，拳谱的操手法里，只提松肩、坠肘、坐腕，以及手不离胸、肘不离肋一类的要求。臂上三节要贯通，这是没有疑问的，是各个拳种都有的共同要求。而对背贯通的要求和强调的程度，则是通背拳的独特之处，也是这门拳术称为通背的主要原因。

通背拳在操练时要求背通，所以在外形上显得抱得紧、打得严，像猿猴似的快速敏捷、身灵步活。据传，通背拳的第五代宗师司徒玄空云游到嵩山少林寺时，与慧可法师谈论武技并演练了通背拳。当时司徒玄空已逾古稀之年，须发俱白，又穿着一身银灰色的道袍，慧可法师看后赞叹不已，说："道兄，真是胜似白猿。"由此，通背拳始称"白猿通背拳"，司徒玄空亦称"白猿老人"。

白猿通背拳虽由陈抟老祖初创于武当山，陈抟后期于华山又隐居了40余年，但本门既不称"武当派"，也不称"华山派"，而称"峨眉派"。其中原因主要是白猿通背拳的第五代宗师司徒玄空（白猿老人）久居于峨眉山，而且白猿老人对白猿通背拳的定名起了决定作用。为了纪念白猿通背拳史上这位杰出的前辈人物，因此本门旧称"峨眉派"。

二

目前流传的通背拳，大多数叫"通背"，叫"通臂"的较少。

第一章 白猿通背拳的源流

本门白猿通背拳的老拳谱上称"通背拳"。

> 通背拳术拳之小引
>
> 少林拳术发源于福建少林寺而嫡派始于嵩山少林寺达摩大师之遗留也大师出化教道有秘经两卷一为洗髓经一为易筋经洗髓经但于慧可未传于世易筋经留传少林寺流传至今盖易筋经所传强筋壮骨锻炼后天者也洗髓经但于先天大道为然也少林拳术非仅限于易筋经其中派别实繁依前人所传共有三百六十余门之多易筋经乃其一种耳少林分源五大派一为峨嵋通背乃上三门第一门也名为通背猿（二）为武当通背（三）为福建少林（四）为广东行拳（五）为河南少林即嵩山少林也河南少林又分为三大家（一）为明家少林主刚

老拳谱中关于通背拳的记载

20世纪90年代，北京牛街白猿通背拳传人胡绍光和张贵增老师主编的《白猿通背拳》中称"通背拳"。

祁家通背拳传人单长文先生编著的《祁家通背拳》中称"通背拳"（2004年2月，人民体育出版社出版）。

在东北流传的祁家通背拳第四代传人修剑痴著的《通背拳谱》中也称"通背拳"。

在西南流传的祁家通背拳第五代传人沙国政先生编著的《沙式通背拳》中还是称"通背拳"（2012年8月，人民体育出版社出版）。

祁家通背拳第四代张策的传人李增奎先生编撰的《中华武术 五行通臂拳 器械谱》中称"通臂拳"，或许是因为张策前辈当年有"臂圣"之美誉而作此变更。

"背"与"臂"读音相近，以前练武的人多数不通文墨，修谱时往往请有点文化的人执笔，而执笔者不精武技，落笔用字又欠斟酌，也容易造成"背""臂"不分的情况，甚至在同一本拳谱里，都有"背""臂"混用的情况。

除了"通背"和"通臂"之外，还有出自西北马家的"通备"。佘丽容和谭佳玲发表于2017年第1期《武术研究》的《马氏通备武学研究综述》中提道："在通常上来讲，通备既不是一个拳种，也不是一个普通意义上的门派，而是一个内涵十分丰富的武学体系，是一个近百年来以兼收并蓄为宗旨逐步发展起来的武术门类。"这里讲得很清楚，马氏"通备""不是一个拳种"的名称，似乎是个包罗万象、"通通具备"的"武学体系"。

在历史的长河中，任何一个拳种在传承和流传过程中都会有变化的，通背拳也不例外。不过这变化，有的是在继承传统的基础上变得充实提高，更加精妙；而有的却退化变质、失却真义，风格特点变样、标准要领异化、技术内容缺失。例如，有些人没有得到真传，甚至没有学到或者没有掌握通背拳的操手要领，演练的风格特色变得长拳不像长拳、劈挂不像劈挂；有些人在其所学内容残缺不全的情况下，为了充数，添加了别的东西；还有些人为了标新立异，在"通背"两个字前面冠以各种名目的前缀词，使通背拳的名称变得五花八门、混乱不堪；还有些人将近几十年甚至近几年编造出来的东西，贴上了"传统"的标签，借以自重。练出来的拳都不符合老拳谱里的操手要领，不伦不类，没有"通背"味。

尽管通背拳的现状错综复杂，但是，通背拳的主体和嫡传尤在，而且传承有序，拳理清晰，技术全面，练法科学，风格突出，自成体系。它的拳名虽然有"通背猿""通背拳""白猿通背拳"等，但总不离"通背"真义。

综上所述，无论从"通背"的得名缘由来看，从目前各分支传人传承和发展情况看，还是从传承关系和得名先后的顺序来看，此拳的名称应该称为"通背拳"。

第二节　白猿通背拳的传承谱系

一

白猿通背拳的创始人是宋朝著名道士陈抟。

据本门老拳谱记载，白猿通背拳的创始人是唐末宋初著名道士陈抟。陈抟，字图南，常自号扶摇子，宋太宗对他十分敬重，赐号希夷先生，安徽亳州真源人。

据《宋史·陈抟传》记载，他"熟读经史百家之言，一见成诵，悉无遗忘"，博学强记，非常聪明。由于他生逢乱世，短短半个世纪，就经历了五代十国的兴亡，中原一带走马灯似的换了八姓十三个皇帝。他在仕途失意后，去武当山入观为道。陈抟以儒生入道门，在武当山"服气辟谷历20余年"，进行了长期刻苦的修炼。他以老子、庄子思想为基础，总结继承了东汉魏伯阳《周易参同契》以来道教的传统内炼功法，融释、道、儒、医诸家学说为一体，集内功修炼之大成，创立了通背内功《站桩二十四势》《走桩二十四势》(《皇极拳》)和皇极四正十二掌。生逢乱世的陈抟，自然会考虑自保自卫之术，于是在总结前人武技的基础上，又创立了通背拳术《八手总拳》和《通背心猿二十四势》。

陈抟老祖博学多能，对《周易》研究尤为精深，是个了不起的、对后世影响极大的易学大家，《宋史·陈抟传》记载："抟好读易，手不释卷。"他以易理推拳理，以易理和医理为理论基础，指导内功修炼和拳术运动。他的内家修炼之术，在当时就很闻名，五代的周世宗柴荣和宋朝宰相宋琪都想向他讨教。陈抟老祖的内家功夫达到了绝妙的境界，取得了极佳的效果，在其生活的"人生七十古来稀"的年代，年寿竟高达118岁。据《宋史·陈抟传》记载，陈抟老祖于宋太宗端拱二年(989年)七月二十二在华山莲花峰下张超谷石洞中逝世后，"经七日肢体犹温"，并且"有五色云蔽塞洞口，弥月不散"。

陈抟老祖功夫的嫡传继承人是道士云五龙。根据杨起顺先生传给笔者的拳谱记载，白猿通背拳的师承谱系在传入北京之前其正根主干传承大致如下：

陈抟老祖—云五龙—白云先生—飞空道长—司徒玄空—吴斌（吴真人）—费大恒—白玉峰—左云龙—彭瑞清—

第一章　白猿通背拳的源流

周成（周世英）—张洞峰—刘尚义—吉志通—鲁云清（世称任小侠）

二

近代通背拳起源于北京的玉顺诚皮店。

京津冀等北方地区原来没有通背拳。清朝道光二年（1822年），白猿通背拳的嫡传传人、山东潍坊皮货商鲁云清，因生意经常往来北京玉顺诚皮店（相当于现在的皮货批发市场），吃住在皮店，时间长了便与皮店人员相互熟悉了。其间，鲁云清将白猿通背拳系统地传给了在玉顺诚皮店任教的石鸿胜。白猿通背拳在北京玉顺诚皮店落地生根以后，才逐渐在京津冀等地区广泛传播，并发扬光大。

由于白猿通背拳在北京起源于张文成家开的玉顺诚皮店，于是前辈老人在评判人们练的通背拳是否正宗时，都是以皮店白猿通背拳的风格特色和技术要领为标准的，往往会说"这是皮店的玩意儿"，或者说"这可不像皮店的玩意儿"。

白猿通背拳传入北京后，先由"石祁换艺"产生了祁家通背拳；后由张文成代师传艺，教了牛街回族人马晓合，又产生了牛街白猿通背拳，自此在北京衍生出两个大的分支。

祁家通背拳发展得很快，以北京为中心，迅速向河北、东北、天津等地传播发展。祁家通背拳在北京传承衍生出了张策的五行通背拳，传到天津衍生出了邓洪藻和张喆的合一通背拳，传到东北衍生出了修剑痴的五行通背拳，沙国政从学于修剑痴，传到西南后又衍生出了沙式通背等。现在各地冠以各种前缀词的通背拳，几乎都是祁家通背拳繁衍分化出来的小的分支。

由于近代通背拳几乎都起源于清朝末年北京的玉顺诚皮店，所以现代各种通背拳的总根就是皮店嫡传白猿通背拳（详见第一章第三节"白猿通背拳的主要分支"）。

白猿通背拳在北京代代相传。

嫡传的白猿通背拳，在北京的具体师承顺序如下：

石鸿胜（1794—1892年，世称"石七爷"，因他个头高大，也有称"大个石七爷"的）传韩洞一、刘子英、张文成。他们三位是姨表兄弟，张文成在三人中岁数最小，所以人称"皮店张三"，尊称"皮店张三爷"或"张三爷"。

张文成（1815—1904年）传刘宝明、马德山、宇振山、李振东、马香芝、郭有瑞、大车黄等。

刘宝明（1878—1938年）传马德山、王嘉和、贾卯生、杨锡诚、李长治、刘志成等。

马德山（1877—1954年）传张瑞卿、杨起顺、杨起源、杨起寿、金洪光、甄文亮、云增苓等。

杨起顺（1925—2007年）传潘金庆、仇必松、翟希亚、冯殿玺、李占青、薛振和、李占华、刘新生、王德全、王德才、肖凤林、孙树林、刘润生、齐爱国、谷金生、王德强、王斌、刘福棠、王大群、吕新民、黄书湘、杨国培、刘林、马明远、程国胜、钟欣章、刘汉、李敬、曹雪峰、汤平顺、约乐吉、乔占弟、冯克伟、马国栋、姜桐惠、朱寿军等。

杨起顺先生的递帖弟子虽然有30多人，但由于他恪守择人而授的传统，真正得其真传者极少。

第一章 白猿通背拳的源流

> 八、九岁才和马德山学艺其祖父和马老师说把他交给您了马老师说咱俩口换了於一九三三年八月十五递帖和马老师形影不離二十餘载拳术到爐火純青的境界杨起顺递帖弟子众多雷金庆仇必松薛振和冯殿玺李占青占华刘新生王德全王德才肯凤林孙树林刘润生齐爱国谷金生王德强王赋刘福棠王大群吕新民黄书湘杨国培（子）刘林马酮远程国胜钟欣章刘汉李欽曹雪峯汤平顺（新加坡）约乐吉（瑞士）白猿通背在北京有二支分派一是石洪胜以通背散手换齐太昌的老十二杆後稱齐家通背又叫京

白猿通背拳在北京的传承谱系

杨起顺先生首次开山门收徒，是 1970 年春天。拜师仪式由大舌头老钱和王府井东安市场的王仪民发起，组织笔者、訾安春、大栅栏步云鞋店的老赵、一说话就摇头的老周等六个人拜师。由于当时还在"文革"期间，拜师仪式是在崇文门外花市老钱家里秘密举行的。家师当时说，他们五个人年龄跟他相仿，抗日老英雄訾安春还比他大了好几岁，于是就算代马德山师爷收徒，代师传艺；说笔者年纪小，1965 年就开始跟他学拳，所以仅收了笔者一个人做徒弟。

011

于是，笔者成了先师的开门大弟子。

早于恩师先逝世的潘金庆，叩头递帖子比笔者晚，但他比笔者大好几岁，20世纪50年代末就开始跟先师学艺了。

四

机缘造就清代以来历代主要传人获得衣钵真传。

中国传统文化中的中医和武术，都是讲师承的，同时也都有"艺不轻传"的传统，如中医的"传药不传量"，武术的"教拳不教步"等。这些靠口传心授的技艺，师父不教，学生根本就不可能学精学透，靠所谓的"悟"，是悟不出来的。很多人不懂，以为叩过头，递个拜师帖子，就能得到真传了。其实，如果跟师父不是很贴心、很亲近，或者由于某种原因没有得到师父的欣赏和器重，尽管孜孜以求一辈子，也不会学到其核心内容，更别说全部技艺了。还有人图虚名，傍名师，花钱找名家捐个"门生弟子"。

嫡传白猿通背拳择徒授艺历来非常严谨，坚持"艺不轻传"，大多数人只能学到部分内容，而能全盘、系统地继承其技艺者，寥若晨星。白猿通背拳嫡传基本都以单传为主，据杨起顺先生讲，能获得衣钵真传的主要传人都是各种机缘造就的。

（一）

石鸿胜原先练三皇砲捶，由于长年受聘在张文成家开的玉顺诚皮店教张文成、韩洞一和刘子英姨表兄弟三人，才有机会结识经常来北京玉顺诚皮店进行皮货交易的山东皮货商鲁云清，并得到其倾囊相授的白猿通背拳。之后石鸿胜

第一章 白猿通背拳的源流

又将白猿通背拳和盘托出，全部传授给了他原来的徒弟张文成、韩洞一和刘子英三个小弟兄。

韩洞一曾任顺承王府管家，因向往得道成仙，而出家北京白云观，人称"韩老道"。他没有系统地教过人，偶尔传人一些零星散手。据传，杨式太极拳始祖杨露禅和祁家通背拳第三代传人王占春等都得到过他指导。

刘子英以搓蜡线为生，也没有怎么教人，仅教过他结拜兄弟杨子英和张子胜，所以也没有正式传人。

将白猿通背拳系统地留传下来的是玉顺诚皮店业主张文成。

（二）

张文成晚年住在株州会馆（相当于现在的驻京办事处）附近。株州来京会试的武举都住在该会馆，其中有一个武举酒后对着张文成家大门小便，受到张文成批评后还出言不逊，争执中又动手打人，即遭到张文成的回击。该武举吃亏后返回会馆，召集其同乡武举报复袭击张文成，结果均被其击败，有的还受了伤。如果事情闹大了，张扬出去，对谁都不好办。因此，株州会馆负责人刘秉义为了息事宁人，出面摆平了这件事。

事后张文成去感谢刘秉义时，看中张文成一身好功夫的刘秉义不受张文成的谢仪，只求张文成将他的一身好武艺传授给他儿子刘宝明。张文成因欠人家情，也就同意了。后在万寿西宫立场子，又收了马德山、李振东等七八个孩子给刘宝明当伴学、作陪练。所以这一辈人当中，以刘宝明为主，唯有刘宝明俱得真传。

（三）

笔者师爷马德山曾于清光绪十几年在万寿西宫拜张文成为师，陪刘宝明练武，后去法国当劳工。出过国的他，因为有第一次世界大战战场的经历，更加深感白猿通背拳的奥妙和珍贵。回国后，张文成已经仙逝，知道师父技艺的全盘继承人是刘宝明，于是甘愿矮一辈下去，又给比他还小一岁的师哥刘宝明叩头递帖子，继续深造。

刘宝明因为"木秀于林，风必摧之"的原故，不意抽了嫉恨其功夫的歹人塞进鸦片的卷烟而染上毒瘾，造成家徒四壁，一贫如洗。笔者师爷马德山劝他戒毒，帮助他缓解痛苦，于是，马德山成了刘宝明徒弟中最称心的爱徒，遂全盘、系统地继承了白猿通背拳的全部技艺。所以这一辈人当中，以马德山为主，唯有马德山俱得真传。

（四）

笔者恩师杨起顺家居前门外鲜鱼口内，跟笔者师爷马德山居住的前门老爷庙近在咫尺。马师爷跟恩师的祖父杨明山是铁哥们，过从甚密。恩师杨起顺三岁丧母，跟祖父一起生活，先学练家传无极门内功，后于八岁那年（1933年）八月十五给马师爷叩头，递帖子拜师。

由于恩师祖父与马师爷私交极深，加之恩师事师如敬父，悟性好，又勤奋好学，他深得马师爷喜爱，与马师爷20余年形影不离，从而获得了马师爷的衣钵真传，成为他们这一代人中的主要传人。

第一章 白猿通背拳的源流

（五）

笔者1965年从上海机械学院毕业，被分配到北京，在第一机械工业部第一设计院工作后，带艺投师，有幸拜列恩师杨起顺先生门墙。

笔者拜师入门后，跟恩师家人的关系日益亲近，逐渐融入他的家庭。当时恩师一家五口，仅靠他每月58元的工资收入生活，经济相当拮据。而笔者当时单身一人在京，既无妻儿之累，又无家庭负担，便拿出自己的工资常年吃住在恩师家中，事师如父，减轻了恩师家庭的经济压力，帮恩师撑起了这个家，受到恩师另眼相看。

恩师最早是做餐饮的，1956年公私合营后一直在前门回民点心店工作，长年一个人上夜班。主要工作是先用三轮车将生豆浆拉回店里，然后烧熟，其中一部分做成豆腐脑，再熬一大锅红小豆做豆沙馅。每桶豆浆都有100多斤重，北京的三轮车又比较高，十几桶豆浆搬上搬下很费劲，因此笔者经常陪他上夜班，帮他干点体力活，减少他的工作强度。恩师的这些工作一般要做到次日凌晨一点左右，然后喝喝茶，教笔者点东西，师徒俩再在餐桌上睡一会，笔者每次都要在他店里职工上早班之前的四点半离去。北京的清晨气温较低，加上一夜没有进餐，饥寒交迫是常有的事。但在这种跟恩师情同父子，朝夕相处，能随时受教的环境中，笔者获益良多。

在笔者求艺道路上起了非常关键作用的人物还有笔者恩师的爱子，即笔者的杨福（杨国培）兄弟。笔者认识杨福的时候，他还在孩提时期，在读小学，笔者经常辅导他做学校布置的作业，时间一长，哥俩的感情也深了。起初，杨福对武学并没有多大兴趣，恩师常为此而犯愁。为了培养杨福的兴趣，恩师经常在家里有意地在杨福面前教笔者东西，给笔者喂手，将笔者打得东倒西歪，一次一次地将笔者摔在炕上，乐得杨福开怀大笑。笔者领悟恩师的良苦用心后，经常引导杨福一起活动拳脚。随着时间的推移，杨福稍长后，他对武学的兴趣不断提升，于是恩师在家里认真、系统、全面地传授我们哥俩拳术，但不准我们到外面的场子里去练在家里学的东西。

在北京练通背拳的圈子里，都知道恩师杨起顺掌握的白猿通背拳技艺好、内容全，有些人采用各种手段追逐而未如愿，即转而对恩师心怀怨恨。在他们一次次跟恩师闹别扭的时候，笔者每次都态度鲜明、立场坚定地跟恩师站在一起，又加深了恩师对笔者的信任。例如，当年有人发现恩师在有意培养杨福的过程中，笔者搭便车跟着得到真传时，开始向恩师进谗言，有人说笔者"上海人滑头，您可别被他骗了"；也有人说笔者"是背着口袋来的，装满了就'踮了'（北京方言，一走了之的意思）"。恩师基于对笔者多年零距离的观察和了解，没有为那些谗言所动。

后来杨福由于工作不得意，心情不爽，经常借酒浇愁而染上酒瘾，恩师十分痛心，在长期苦口婆心地劝说无果，以致失望后，恩师转而对笔者更加钟爱，更加着意精心培养了。

笔者1978年底调回上海工作后，于20世纪八九十年代又多次请恩师到上海和苏杭等地游玩。经过几十年的亲密相处，几十年的事师如父，师徒二人变得亲密无间，情同父子，于是笔者有幸得到了恩师的倾囊相授。恩师并将门内最珍贵的象征嫡传主要传人的拳谱和白猿通背拳从晚清到中华人民共和国成立在北京历传五代的主要传人石鸿胜、张文成、刘宝明、马德山的照片都传给了笔者。用恩师的话说，他已经向笔者"抖包袱皮"了。

恩师1988年在上海为笔者主持收徒仪式时明确宣布：将白猿通背拳的正根主干转移到上海了。他说："艺不轻传，这宝贝有德者居之。"他仿效当年山东鲁云清将白猿通背拳的嫡传技艺系统地传给北京石鸿胜似的传给笔者；将白猿通背拳的正根主干从山东移植到北京那样移植到了上海。

因为笔者十分幸运地得到了恩师的倾囊相授、衣钵真传，恩师的儿子、笔者的杨福兄弟在2007年初冬笔者特地去北京给他做50岁生日时说："仇师哥学的东西最多、最全，练得也最像我爸。"恩师的大女婿房泽生说："现在老爷子走了，这门拳就靠您了！"

五

白猿通背拳扎根江南大地后开始蓬勃发展。

白猿通背拳由唐末宋初的著名道士陈抟老祖初创于武当山。陈抟老祖后来移居华山，通背拳从湖北被带到了陕西。白猿通背拳的第五代宗师司徒玄空（白猿老人）久居峨眉山，于是白猿通背拳传到了四川。明末清初，由周成传给山东济南富豪张洞峰，于是白猿通背拳又传到了山东。清朝道光二年，由山东皮货商、矮个子鲁云清传给北京石鸿胜，由此又传到北京。嫡传白猿通背拳在北京历传五代后，于20世纪70年代末，随着笔者从北京调回上海工作，白猿通背拳的正根本源辗转流传了大半个中国后，转移到江南大地，在江南大地扎根后开始蓬勃发展。

笔者调回上海工作后，经上海武术馆（上海武术院和武管中心的前身）馆长纪光宇和该馆研究室主任冯如龙老师介绍，加入

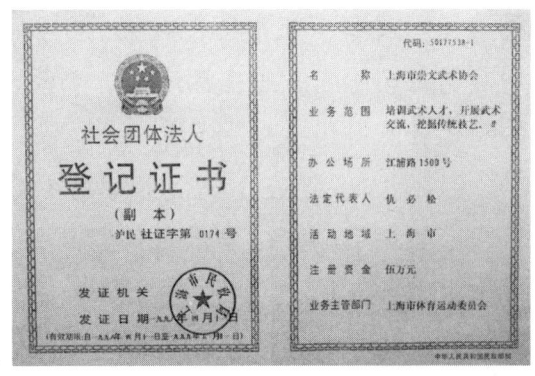

上海市崇文武术协会法人登记证书

了中国体育科学学会，成为上海学组里唯一一名不以武术为职业的成员。20世纪80年代末，在恢复李崇文先生（笔者启蒙恩师）1935年创办的沪东国术研究会时，经其推荐，笔者接任沪东武术研究会会长，和后来更名为上海市崇文武术协会（属于市级社团）的会长。

李崇文先生在武术上对笔者的栽培和提携超过了对他练武术、当体育教师的儿子，是超越亲情的。这在上海武术界曾传为美谈。

由李崇文先生、纪晋山先生和徐文忠先生（笔者师叔）合力推荐，在"文革"前以教拳为生，"文革"后落实政策，于20世纪80年代由上海市顶级老武术家李崇文、纪晋山、徐文忠、

上海武术馆为笔者颁发的教练证

郝少如、傅钟文、张玉、王禧奎、邹淑娴（姜容樵的女弟子）等组成的上海市武术协会武术辅导组吸收新鲜血液时，笔者

第一章 白猿通背拳的源流

进入了这个武术辅导组,成为该组年纪最轻的教练,并获得上海武术馆颁发的教练证,开始在上海体育宫(现上海大剧院处)传授白猿通背拳。

在拳理研究上,笔者从1991年开始,在《上海武术》杂志上先后发表了《试论武术运动的气》《试论武术运动的劲》和《试论武术运动的速度》等文章。

笔者发表在《上海武术》的三篇文章

019

2008年，笔者北京师弟创办的中华——正宗白猿通背拳网站（由于经费短缺，该网站现已停止运营），专门为笔者开辟了"白猿通背拳大讲堂"专栏。笔者在该专栏先后发表《怎样练好白猿通背拳》等系列论文十多篇。

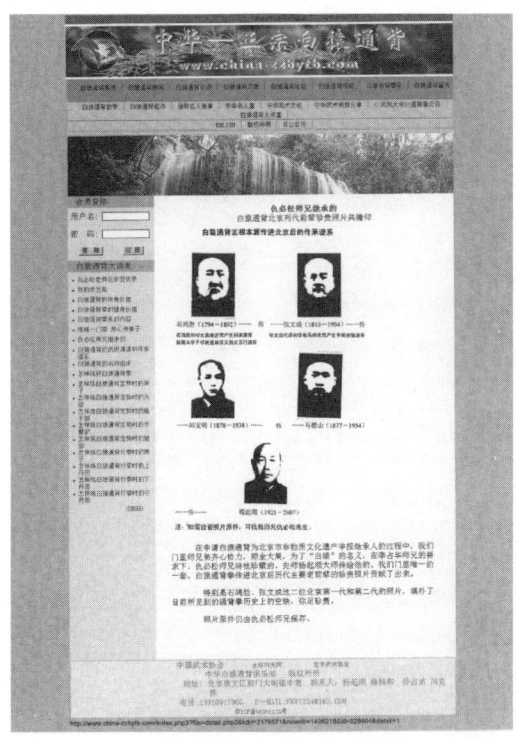

"白猿通背大讲堂"专栏

2008年在北京举行的央视CCTV武林大会通背拳比赛，将远在三千多里外的笔者聘为顾问。

1995年，笔者应邀在上海人民广播电台做了一档"白猿通背拳健身"的广播节目。

2011年3月29日，上海《解放日报》刊登《练精一门拳　热心传弟子——业余武者仇必松的故事》以近半个版

第一章　白猿通背拳的源流

面的篇幅介绍笔者练习、传承白猿通背拳的事迹。

《解放日报》介绍笔者与白猿通背拳的故事

笔者退休后，随太太黄彩萍来其故乡苏州地区的太仓浏河养老。在吸纳、融合岳父黄文琪家祖上世代相传、秘不示人、跟笔者同门同宗的白猿通背拳后，开始在以浏河古镇为中心的苏州等地传授白猿通背拳。经过这些年的努力，白猿通背拳在当地蓬勃发展，推广、普及工作卓有成效。

笔者授徒传艺分两个层面，一个是以培养全面发展的高水平的传承人为目标，让他们具备传承、发展白猿通背拳的能力，使白猿通背拳能在江南、在中华大地薪火永传；另一个是推广普及，走进校园，使中小学生在体验白猿通背拳，感受中华传统武术精神的同时，热爱中华优秀传统文化。

笔者讲课授徒坚持理论和实践相结合。讲强身健体时，以中医理论、经络学说为依据；讲防身抗暴时，根据人体结构，用理论力学和动力学等现代科学知识加以分析，或用人们常见的一些现象或器物作比方，力求深入浅出、通俗易懂。此外，还会辅之以撰写教学资料和录制教学视频，以求尽快提高徒弟们的技艺水平。

笔者年轻时教的开门大弟子杭州严国兴七段，20世纪80年代初多次获得全国和浙江省散打、推手75公斤级冠军，击败过来访的日本武坛高手江口雄章。

中年时期在上海教的徒弟严浩，在舞勺之年应来上海执教的日本空手道黑带七段铭莉春菊之邀，与之试手时，令其大吃一惊有手足无措之感。

古稀之年在苏州太仓教的徒弟和学生，在全国和省、市的各种武术比赛中，先后获得200多枚金、银、铜牌。太仓市明德初中学生黄子豪2017—2019年连续三年在全国武术之乡比赛中获得男子少年组拳术第一名，成为太仓市初中生在国家级武术比赛中创纪录的三连冠，这是全太仓初中生在全国传统武术比赛中获得的最好成绩。太仓市明德初中学生石祥祥在2018年全国武术之乡比赛中获得男子少年组器械第一名。张英在2019年举行的首届长江三角洲区域城市武术精英大赛中，分别获得女子中年组传统拳术和器械第一名。

张英等10人还通过了2019武术（套路、散打）国家职业资格认证培训班的考核，获得了社会体育指导员资格证。

经过多年努力，白猿通背拳这个在北方流传甚广的拳种，如今在江、浙、沪已有了一定规模的发展。随着笔者徒弟们陆续参与教学工作，其发展已逐渐步入"开枝散叶"阶段。

第一章 白猿通背拳的源流

笔者积极响应国家号召，努力践行"武术进校园"。为了便于推动进校园的工作，于 2011 年 5 月创建了白猿通背拳培训中心。

经笔者主动跟学校联系，白猿通背拳于 2011 年暑假走进太仓市明德小学和明德初中，2018 年走进红旗小学，2019 年走进江苏省太仓高级中学，2022 年又走进陆渡中学，接连走进 5 所学校，成为太仓市最早主动走进校园的传统拳种，也是进入学校数量最多的传统拳种。笔者通过年级普及、班级强化、尖子集训的阶梯式教学模式，在校内营造了武术学习的良好氛围。截至 2021 年，已使 1 万多名中小学生受到中华传统武术文化熏陶。白猿通背拳是太仓受众面最广、最大的传统拳种，也是唯一实行了从小学到高中进行连续教学的传统拳种。

为了教好学生，笔者撰写了 10 万多字的校本教材，精益求精，修订了两次，出了三版。

笔者编写的嫡传白猿通背拳校本教材

为了传承弘扬白猿通背拳，笔者在拳技传教的过程中，在系统总结前人练功经验和自己练功体会及长年教学经验的基础上，积极进行理论创新，构建了"松开来，沉下去，立身中正，用躯干带动四肢，上下相随，内外相合（意动气行形随），周身一家，浑身是拳"的练功体系。为精准传承、习练白猿通背拳明确了要求，也为学练者能尽快掌握嫡传白猿通背拳的练功要领提供了一条快捷通道。笔者多年深耕于传教一线，所培养的学生在全国和省、市各级武术套路比赛中取得丰硕成果。

在拳技创新发展上，鉴于冷兵器时代的刀、枪、剑、棍现在只能当作运动器材，为了适应现代社会人们借助器械防身抗暴而又便于携带和不违管控的需求，笔者发明创造了用硬木制造的既有护手钩、子午阴阳钺、乾坤圈等传统器械和现在警棍具备的护手功能，又有敢于对刀、斧、棍、棒等各种长、短、软、硬凶器格挡招架的优势，还能利用梭体和前后两端攻击对手的新式器械——白猿梭。白猿梭在 2013 年长春全国武术之乡套路比赛时首次亮相即大获好评，于 2020 年年底获得了国家专利。

嫡传白猿通背拳的传承发展，得到了社会各界的充分肯定和高度评价。国家体育总局武术运动管理中心主任、党委书记、中国武术协会主席陈恩堂和青少年武术部主任李小杰等领导曾三次来浏河现场观摩调研。2016 年 11 月 28 日，李小杰主任率全国各省市武管中心主任莅临明德小学观摩，调研白猿通背拳进校园情况。2018 年 7 月 13 日，国家武术运动管理中心主任、党委书记、中国武术协会主席陈恩堂到浏河调研，观看笔者为学生上白猿通背拳训练课，跟笔者频

第一章 白猿通背拳的源流

频互动，问的多为实战训练方面的内行话。

2019年12月8日，笔者应邀去北京体育大学参加《中华武术通史》编撰项目启动仪式。根据笔者提供的清末民初老拳谱等珍贵资料，白猿通背拳于2021年12月入编"十四五"时期国家重点图书出版专项规划项目中的《中华武术通史·第二卷·宋元明清》。该书简要介绍了白猿通背拳的传承脉络和技术特色，对白猿通背拳的传承、普及有重要意义。

生的拳种；而独流通背拳和洪洞通背拳则是另一套技术系统，与最初的"通臂"理念并无太大关联。

（一）白猿通背拳[1]

1．白猿通背拳的传承脉络

整理老拳谱[2]中《通背猿拳法原门源流》的相关内容，可大致勾勒出通背猿拳从五代末到清初的大致脉络为："陈抟→云五龙、飞空先生、司徒玄空……→白玉峰→吉志通→张洞峰→鲁云清。"但由于年代久远，传承断续，缺乏进一步的史料佐证，因此，对此尚难以定论。但之后自鲁云清将其传到北京后的脉络，还是比较清晰的。

清朝道光年间，潍坊皮货商鲁云清将通背猿拳传到北京玉顺诚皮货店的专聘教师石鸿胜（1794—1892）（拳谱中有的地方也写作"石洪胜"，原先练三皇炮捶），石鸿胜又将其传授给皮货店主张文成（1815—1904）及张文成的姨表兄弟韩洞一、刘子英。张文成将其传于刘宝明（1878—1938），刘宝明将其传于马德山（1877—1954）[3]、杨锡成、王嘉和、李长志、贾卯生、刘志成。

白猿通背拳传入北京后，石鸿胜曾以通背散手换祁太昌（齐太昌）的老十二杆，后来祁太昌在练法上做了改动，将通背猿拳变成了放长击远、大劈大打的技术，其主要内容是一百零八单操

手，后称"祁家通背拳"，又叫"京南手"。祁太昌又将其传于崔敬、安平李、刘志（刘治）、许永生（祁太昌外甥）。由于通背拳的这一支脉流传广泛，故对通背的普及、推广和繁衍起了极大的作用。在传承传播过程中，还有人将拳名由"通背"改为"通臂"。其中，崔敬又将其传于修建俩、何振芳、田瑞清、刘月亭、梁海明，而形成"如意通臂拳"；刘志将其传于王九爷、张哲（张喆），在天津形成"合一通背拳"。崔敬的弟子刘月亭将其传于王侠英、张策，形成"五行通背拳"。回族人马晓合（约1840—1902）曾跟随石鸿胜练拳，并得到张文成指点，后创立了"牛街白猿通背拳"。其传人有张少三、冯玉山、郑少简、王启成、蝴蝴等。其中，王启成又将其传于胡少先、孟正源、张贵增。1990年，白猿通背拳传承谱系完成较系统修订，图4-5是部分内容。

图4-5 1990年修订的白猿通背拳传承谱系

---

[1] 该部分内容是根据白猿通臂拳传人仇必松提供的资料整理而成的，"白猿通背拳"原称"通背猿拳"。
[2] 该拳谱由仇必松提供，是其师父杨起顺（1925—2007）留下来的。从其中的内容看，应该是清末民初的抄本。
[3] 该部分的资料由仇必松提供，其师兄张顺即马德山的徒弟。据说，马德山曾作为刘宝明的伴学，曾一起跟张文成学习武艺。为了进一步学得真艺，后来马德山又拜比自己小的刘宝明为师，进行更系统的学习。

《中华武术通史·第二卷·宋元明清》中记载了白猿通背拳

2020年初新冠疫情肆虐期间，笔者本着为国分忧、为民解难的心情，积极投入抗击疫情工作，先后制作发表"非

遗战疫情，宅家练通背"系列作品12集，其中有的被新浪网、新华网客户端和学习强国等国家级媒体转载。此外，在文化和旅游部非物质文化遗产司委托文旅中国和微博主办的抗击疫情期间借助微博 遇见非遗 活动中，@江苏微旅游凭借其推出的白猿通背拳课程获得12.3万播放量和阅读量，受到广泛关注。

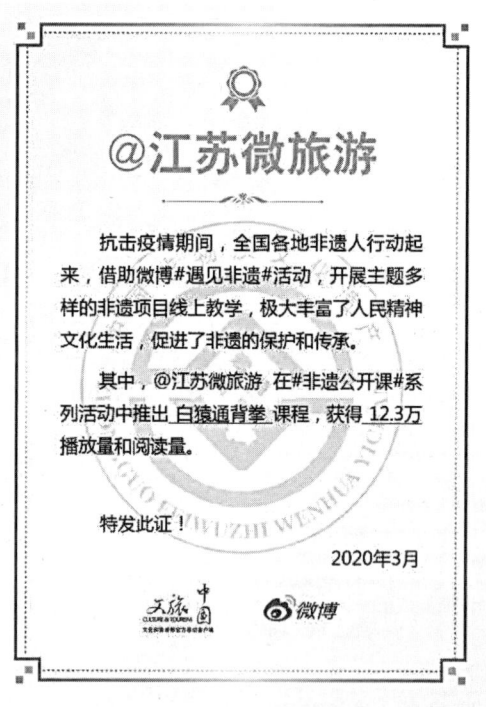

@江苏微旅游凭借白猿通背拳课程荣获证书

由于嫡传白猿通背拳是一项源流有序、拳理清晰、风格突出，自成体系的千年古拳，集文化、健身和防身抗暴于一体，包括我国古典哲学、古代兵法、中医理论，以及现代科学中的力学、动力学、人体解剖学等多个学科的知识，是一个罕见的珍贵拳种，加上学术界和武林耆宿对笔者的抬爱，2021年3月，笔者被苏州大学体育学院聘为武术与民族传统体育系校外指导教师。

第三节　白猿通背拳的主要分支

白猿通背拳在流传过程中，产生了几个大的分支。一方面，据本门前辈传说，明朝的司徒玄空（后称"白猿老人"）云游到嵩山少林寺，在与慧可法师切磋技艺后，将其部分拳技传给慧可法师，留在了少林寺。据此，后世流传的少林通背拳及某些僧道传承的通背拳，也许就来源于此。因年代久远，目前虽无确凿证据可考，但还是有一些痕迹的，如各家都很珍视二十四势拳法。另一方面，清朝道光二年鲁云清将白猿通背拳从山东带到北京，在玉顺诚皮店倾囊相授给石鸿胜后，又产生了两个分支：一支是张文成代师收徒教了回族人马晓合后，在北京回族人聚居区的牛街传习而产生的牛街白猿通背拳；另一支是由石鸿胜和祁太昌"石祁换艺"而产生的祁家通背拳。

一

张文成代师收徒而形成牛街白猿通背拳。

根据本门清末民初的老拳谱记载，白猿通背拳传到北京玉顺诚皮店后，少东家张文成家专聘教师石鸿胜的徒弟只有韩洞一、张文成和刘子英姨表兄弟三人，没有牛街的马晓合和其他人。

> 我国武术渊源派别
>
> 张君传刘宝明　刘君传　马德山王嘉和贾卯生　杨锡成李长志刘志成
>
> 后此拳法白猿老人将此拳法传与此人二十四式拳法白玉峯传山东潍县吉志通、傅张洞峯在清乾隆元年、张洞峯传鲁云清。
>
> 鲁君在京传石鸿胜。石君传张文成京南分派太齐传安平李昌 刘志
>
> 韩洞一　齐　崔　敬　刘子英

老拳谱中记载的白猿通背拳的传承谱系

在1990年杨起顺先生修订的拳谱中，明确了马晓合的师承。拳谱上提道"马晓合因故未被石鸿胜收为弟子"。马晓合学艺没有得到师父石鸿胜的同意，是张文成代师收徒教的他，不是正传，所以不能入谱。

第一章 白猿通背拳的源流

杨起顺先生于1990年修订的拳谱

笔者还听杨起顺先生说过，马晓合于清光绪二十八年（1902年）7月归真，享年60余岁，安葬在北京西三里河。按此推算，马晓合约出生于道光二十年（1840年）。石鸿胜生活于1794—1892年，假设马晓合10岁时要跟石鸿胜学艺，此时的石鸿胜已经是56岁年过半百的半老人了；若20岁要跟石鸿胜学艺，石鸿胜都已年近古稀，而且此时的石鸿胜在玉顺诚皮店施教的张文成、韩洞一和刘子英姨表兄弟三人早已学艺告成。对于家境殷实，又有一定社会地位和名望，而且已经教出了三位顶门弟子的石鸿胜来说，再劳心费神地去教一个孩子的可能性极低。俗话说，"家有三斗粮，不做小儿王"！再从马晓合这方面来看，他家境贫寒，先前打鼓收破烂，后来在菜市口卖菜。俗话说"穷文富武"，家境贫寒的马晓合没有经济条件拜当时那么有名望的人物为师，他是学不起的。例如，马晓合本人后来教牛街骡店店主张少三（人称"骡店张三爷"）的学费就是5两银子一手。所以，从他们的年龄和经济状况来看，石鸿胜的确不可能收马晓合为徒。

由于张文成跟马晓合是好朋友，直到石鸿胜仙逝后，在马晓合的恳求下，张文成领马晓合到石鸿胜坟前叩了头，才代师收徒教马晓合。张文成顾及师父石鸿胜的情感和碍于另外两位师兄弟的感受，因此教给马晓合的东西并不系统。

跟马晓合有血亲的钟国麟（钟国麟的祖母是马晓合的女儿）尽管世居牛街，成年后都拜到祁家通背拳第五代传人杨桂林前辈门下去了。根据祁家通背拳传人单长文先生编著的《祁家通背拳》，钟国麟及和其儿子钟宝义分别为祁家通背拳第六代和第七代传人。

近年来牛街白猿通背拳借助网络宣传，极大地提高了知名度，已远非三四十年前的情况了，习练之人与日俱增，成为嫡传白猿通背拳的一个著名分支。

"石祁换艺"产生了祁家通背拳。

在本门老拳谱和20世纪90年代家师杨起顺先生修订的

第一章 白猿通背拳的源流

拳谱里，都提到祁家通背拳来源于白猿通背拳。

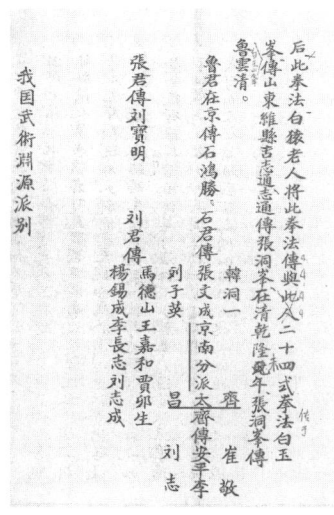

老拳谱

（1） （2）

1990年修订的拳谱

祁家通背拳第七代传人单长文先生编著的《祁家通背拳》一书，明确表示祁家通背拳是祁太昌跟外面换来的。

嫡传白猿通背拳概论

在鞍山文明网首页"人文鞍山"里,有一篇《访市级非遗项目祁家通背拳第七代传人单长文》的文章,文中说《祁家通背拳》的作者单长文"从前辈的口中,还了解到关于通背拳的前尘往事"。在单长文先生编著的《祁家通背拳》一书里,确实刊印了很多祁家通背拳第四代、第五代和第六代老前辈的照片。由此可见,单长文先生在写《祁家通背拳》这本书时确实走访了很多老前辈,写作态度是严肃的。所以,他讲祁家通背拳是跟外人换来的,肯定是经过大量调查研究才得出的结论,

祁信操练枪时,常用长一丈一尺五寸的大杆,而不安枪头,故称"祁家十二杆"。其中有十二趟操法、十种主要断法、三十六个散点。祁家家藏道光二年所书枪谱,秘不传人,非入室弟子不得见也。

清道光年间,祁信艺成后,一次出门行走江湖,住在河北省固安县宫村镇贾家店(亦同兴店),店主贾兴(号四太爷)喜武好友,祁信与之交往甚欢。恰逢贾家与附近叫黑马的人为争夺琉璃河渡口双方大战,祁信手拿长杆前去助拳,不料其长杆被黑马用双镰削断,铩羽而归。首战败后,祁信又找其叔祁老威二次学艺,重返贾家店,再与黑马大战,大获全胜,从此祁信威名大振,始有"杆子祁"之称。前来学艺者络绎不绝。祁信在贾兴的支持下,在贾家店开山立万,设场授徒,称为"祁家门",河北固安贾家店也成为祁家门的发源地,祁信即为创始人。祁信当时的主要器械是祁家大枪(杆子),手打的是"明堂拳膀趄门"的手,动作风格是大劈大挑,大开大合;步法以大闪展步、碾闪步为主,劲法刚猛脆硬,对敌时硬劈硬砸不碰硬。

其子祁太昌,自幼习武,武艺精湛,祁家大枪更是威名远扬。当时江南有个郑师傅(名字不详),号郑蛮子,因仰慕祁家大枪,随之与祁太昌以心极通背拳换祁家大枪。祁太昌将心机六合拳、明堂膀切手法、心极通背拳融入大枪之法,共冶为一炉,才真正有了祁家通背拳。祁家通背拳以活法为根源,由三十六手筑基、七十二散传组成,素以单操散手为主,颇具技击性。祁家通背拳在形成衍化、发展的过程中,是不断地汲取他人技艺之所长而提高的。这里举一例,据杨步蟾先生讲:老祁师傅(指祁信)遇河南马(名字不详)较技,河南马用提膝步、引手将祁信的门牙打掉两颗。老祁师傅不露声色把门牙咽了,为学其技,便叫少祁师傅太昌拜到河南马门下学艺,从此

《祁家通背拳》

第一章 白猿通背拳的源流

是可信的，没有疑问的。

由李连杰的老师吴彬先生作顾问、祁家通背拳第六代传人马杰先生（《祁家通背拳》一书中祁家通背拳第五代传人、京城通背拳名师王侠林老师的高足、义侄）著的《祁·猿通背经典——守住健康：古今自救自护之法》一书中的第431页，其中的祁·猿通背拳法原门源流图中也明确证实了祁家通背拳是祁太昌用"祁家枪法老十二杆"换石鸿胜"白猿通背拳外功拳法"，才形成祁家通背拳的。

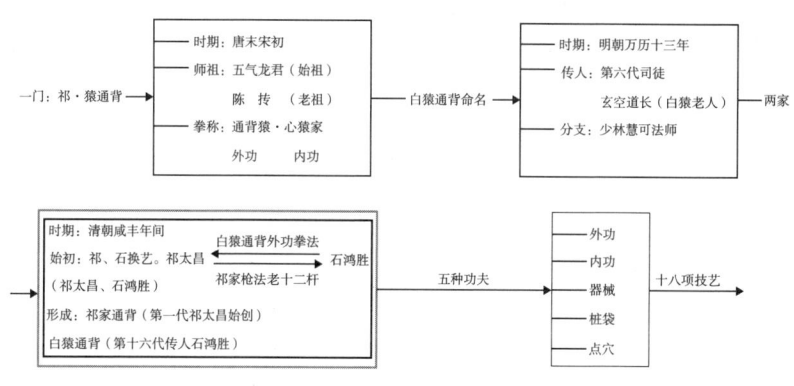

一门两家五种功夫十八项技艺（一）

祁·猿通背拳法原门源流图

嫡传白猿通背拳是天下通背拳的总根。

现在流传的许多通背拳均为祁家通背拳的分支。

根据祁家通背拳第七代传人单长文先生编著的《祁家通背拳》，创五行通背拳的张策和在东北沈阳、大连传授通背拳的修剑痴，是祁家通背拳的第四代传人；在西南传授沙式通背拳的沙国政，以及在天津传授合一通背拳的张喆、邓洪藻，是祁家通背拳的第四代、第五代传人；在河北霸州传授软手通背拳的刘澎和李凤澡，是祁家通背拳的第四代第七代传人。

沙国政先生在其编著的《沙式通背拳》中，也明确了沙式通背拳来源于祁家通背拳。

综上所述，由于牛街白猿通背拳和祁家通背拳均来源于嫡传白猿通背拳，尽管它们下面的许多分支名称不同，练法各异，但它们都是从嫡传白猿通背拳分化演变来的。因此，嫡传白猿通背拳是其他通背拳的总根。

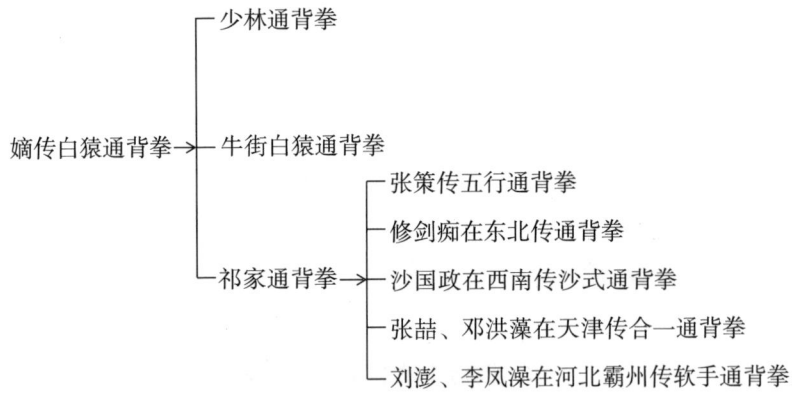

白猿通背拳传承谱系

第四节　嫡传白猿通背拳及其主要分支的主要区别

嫡传白猿通背拳及其主要分支牛街白猿通背拳与祁家通背拳的区别主要体现在五个方面：层级、内容、风格、功力训练和技法理论。

第一章　白猿通背拳的源流

一

嫡传白猿通背拳是天下通背拳的正根本源，就像一棵树的树根和主干。

北京是清朝末年通背拳的中心，也是现在练通背拳人数最多的地方。2009年，在北京练祁家通背拳、五行通背拳、牛街白猿通背拳和笔者师门练白猿通背拳的师弟们四家联合申请北京市非物质文化遗产时，他们都拿不出需要提供的照片等资料。笔者师弟李占华出面请求笔者帮忙，笔者拿出了珍藏的先师杨起顺传给笔者的唯一的一套白猿通背拳传入北京后历代主要传人的珍贵照片，为他们申遗提供了有力的支撑材料。

由此可见，在北京练通背拳的各个分支都没有通背拳老前辈的这些原版珍贵照片。根据中国武术界的传统，师父传给的正规拳谱和这类老前辈的原版珍贵照片，是作为嫡传、顶门立户的凭证和信物的。

二

嫡传白猿通背拳是源流有序，拳理明晰，风格独特，自成体系的优秀非遗拳种，是文化含量高，健身效果好，技艺奥妙，打练结合的千年古拳，是我们前辈历代传人心血和智慧的结晶，是体系完整、内涵丰富、练法科学、体用合一的古老武技。

操练方面包括拳术、内功、桩袋、重手功夫、器械和实战等几大部分。它不仅有套路，尤其重视单操，如八手总拳和二十四势，都有拆手，都能一势拆三招，三招变九手，内容很全面。而且练有练的一套理论,实战有实战的一套理论,体系非常完整。

其他分支的通背拳的拳术内容各有千秋,但没有这么全。1997年5月,牛街白猿通背拳传人张贵增赠送家师杨起顺一本《白猿通背拳》内部资料,后家师又将其转送给笔者。该书由胡绍光和张贵增主编,孟正源和付巍整理,刘继振文字校对。从全书内容来看,与白猿通背拳正根本源的东西有较大差异。

牛街白猿通背拳的主拳二十四式,据张贵增的首徒张信斌在2001年《武魂》杂志上发表的文章《牛街白猿通背拳二十四式》,张贵增"六十年来孜孜以求,遍访明家,访学于牛街白猿通背拳第三代所有拳师……终于将二十四式通背拳学全"。但从张信斌先生整理的"二十四式"拳谱来看,还是有差异的。

根据单长文先生编著的《祁家通背拳》,祁家通背拳的拳术内容是108单操手,没有套路。

另外,其他通背拳都没有通背内功。

嫡传白猿通背拳特别强调用躯干带动四肢,动作要求符合"通背"这个名称,要做到背背相通、背臂相通、背脊相通、肩背相通和腰背相通这五通。其他通背拳,抡胳膊、甩膀子的多,很少看到"通背"的。

嫡传白猿通背拳操练时,要求"立身中正,提裆垂间,气沉丹田"。其他通背拳上身前倾、撅屁股的多。

嫡传白猿通背拳要求"抱得紧,打得严""手不离胸,肘不离肋""手不离中线""三尖对正一条线"等。其他通背拳手脚放得比较开，拉敞了练的多。

嫡传白猿通背拳发劲时要求"起于根，发于腰，通于背，达于梢"，发整劲。其他通背拳一般都是手臂上的劲多。

四

嫡传白猿通背拳功力训练有多种方法，其中打的桩是能自由旋转的活桩。有的通背拳打的是埋在地里的死桩，还有些通背拳则无打桩一说。

嫡传白猿通背拳打的卧袋有用狗皮做的"狗皮袋"，也有用铁砂和山里红子（山楂子）做的卧袋，搁置高度有一定的要求。有的通背拳打的卧袋放在只有搁脚凳高的凳子上，打的时候人的身体向前俯得厉害，像趴着一样；有的袋里装的不知何物，一打即粉尘飞扬，有碍健康，极不可取。

五

嫡传白猿通背拳技击时，要求"动如山飞"，要"追身欺桩"，"打人如亲嘴，过人如过墙"，强调"一进三赢，一退三输"。其他通背拳讲究"放长击远"，人的重心多数都落在后面。

第二章　白猿通背拳拳系的内容

嫡传白猿通背拳是一项完整、系统的古老武技，它包括拳术、内功、器械和桩、袋、重手功夫等，自成体系。

第一节　白猿通背拳的拳术

白猿通背拳的拳术包括六路总手、十二连拳、十二连砲、六趟拆拳、八手总拳、二十四势。其中，六路总手和十二连砲是单操单练的；十二连拳、六趟拆拳、八手总拳、二十四势既有套路，又有单操手。此外，八手总拳、二十四势还有拆手，都能一势拆三招，三招变九手。

按拳谱要求，嫡传白猿通背拳主要练 24 个字：支架遮拦，搂刀滚转，封闭堵截，挨帮挤靠，闪展腾挪，（远了）长拳（近了）短打。长拳包括八拳、八掌、八抓、八劈、八按和八腿。短打包括八肘和肩、胯、膝打等。此外，还有八招、八手等。

一

六路总手是嫡传白猿通背拳的入门手。

动作名称

一打一拳一掌　　二打闪展禽啄　　三打黄龙探爪
四打直立推山　　五打金龙合口　　六打退步八门

二

十二连拳是晚清石鸿胜和张文成两位老前辈创编的一个小套路，是供初学者练的。

动作名称

前八手　　三环手　　红脸照镜　　四平砲　　卧牛砲
撩掌　　　甩掌　　　缠拦横　　　裹打　　　劈闪砲
圈手　　　撕拦手

顺口溜念作：前三红四，卧牛撩甩，裹劈拦连。

三

十二连砲是民国初年刘宝明前辈创编的12组组合拳。所有动作不用掌全用拳，所以取名为"砲"。

动作名称

四平砲　　卧牛砲　　劈闪砲　　半边砲　　裹边砲
靠身砲　　连珠砲　　转身砲　　捋手砲　　五花砲
冲天砲　　雷击砲（劈展砲　圈手砲）

四

六趟拆拳是本门第五代传人司徒玄空创编的。该动作套路较长，有六趟，风格偏刚。

动作名称

子母撩衣势　　合胸捧月　　虎撞　　双钩手　　德丰蹬势

摇身膀卸　　撩阴腿　跨虎蹬山　右禽啄

回身飞虎拦路　左禽啄　当场现手　劈闪砲

拍山掌　藏花手　劈闪摔掌　白猿献果　狸猫扑鼠

金鸡抖翎

回身推窗望月　前八手　卧牛砲　缠拦横

回身搂手拍掌　闹拳法　十字捶　迎门掌　裂门掌

抹眉横

回身飞珠腿　冲捶　四平砲　进步三腿　重捶

回身金龙合口　半边砲　搂手一拳一掌

拴马势　直立推山　裹边砲　缠腰横

五

八手总拳是宋朝本门始祖陈抟创建的，是本门的母拳。名闻遐迩的二十四势就是由此拳衍生出来的。

动作名称

擎捶抱门扇　　　　　上步靠身变

先打单凤展　　　　　后打十字拦

退步顶肘、带抓肩　　狸猫扑鼠、有一掀

六

二十四势是宋朝本门始祖陈抟创编的，是本门的一套主拳。由于名气大，通背拳界都对其非常看重，纷纷仿效，根据"二十四势"这个名称揣摩着编出各种"二十四势"，但基本上都是以凑足 24 个单势为准。本门内也有"二十四势藏妙艺"和"四趟只练二十势，四个暗势莫轻传"的传统。对二十四势的拆手，入门弟子中都很少有人学全；对四个暗势的拆手，入门弟子中绝大多数都不教的。

动作名称

小转环	大转环
头顶日月	肩担日月
紫燕抄水上下翻	错步颠肘用掌拦
闪步贯耳单鞭式	进步靠身十字弹
前行车走连珠砲	磨身摔搥左右搧
迎面照镜连环掌	抓肘进步捋铁鞭
沾衣抹袖猴上树	狸猫扑鼠左右掀
回身刮搥劈面打	五鬼探头遮避难
吊锤式怀中抱月	绕步掌吊打相连
进步盘肘退步掌	趟栽腿崩打连环
插花势海底栽花	内藏踢裆腿半边
转身砲似去不去	返背搥归本还原

第二节　白猿通背拳的内功

白猿通背拳的内功，是糅合了武术技法的道家气功，包括皇极四正十二掌、站桩二十四势、走桩二十四势。

白猿通背拳的内功以中医理论和经络学说为理论基础，讲究"心引气走，意引血行""吸化开合，行桩踩气""轻软绵连随，旋转空化力，阴阳任督气"和"吞吐沉浮，螺旋滚挫，三角支撑，合力叠加"，兼有强身健体和防身抗暴的双重功能。

一

皇极四正十二掌，是皇极内功的入门手。四正十二掌是按《皇极图》朝子、丑、寅、卯、辰、巳、午、未、申、酉、戌、亥四个正向及八个斜向打的12个不同的掌法。

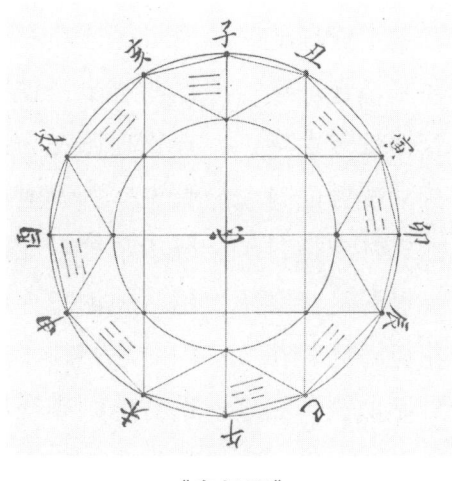

《皇极图》

四正十二掌中腰的左右旋转、上下盘旋特别多，能使腹腔里的五脏六腑得到按摩，对人体健康是十分有益的。同时，四正十二掌中手的顺逆缠绕也特别多，这使手三阴经和手三阳经又都得到了锻炼。此外，四正十二掌讲究"吞吐沉浮，螺旋滚挫，三角支撑，合力叠加"，这对发整劲，了解自身结构，提高防身自卫的能力很有帮助。所以，四正十二掌兼有强身健体和防身抗暴的双重功能。

动作名称

第一段　阳变掌　　第二段　阴变掌

第三段　套月掌　　第四段　阴阳变

二

站桩二十四势，也叫皇极内功站桩法、通背猿峨眉站桩功。其侧重于强身健体，是一种道家的内功，讲究"心引气走，意引血行"与"意动气行形随"。

动作名称

八字站桩换气法	赤龙搅水须下咽
提裆垂闾阳明串	提起涌泉肾经转
胸前起掌阴阳换	一足着地掌变拳
双手胸前走周天	胸前托掌内循环
右拳一拧上贯力	提起左拳外旋转
双掌一扣劳宫变	十指朝天紧缩力
单掌托天肝脉转	左掌上升脾胃变
虎口托拳右旋转	右手托掌左右盘
起手胸前抱圆式	双掌平托右胸前
两极相分南北含	顶天立地贯百会
忽升忽降贯涌泉	指天划地上下盘
手捧日月胸前变	皇极内气弥六合

三

走桩二十四势，也叫皇极拳、通背猿峨眉走桩功。从通背猿来说，叫心猿家。其讲究"吸化开合，行桩踩气""轻软绵连随，旋转空化力，阴阳任督气"，要求"气遍全身""劲贯四梢""全身贯成意合力""阴阳最要走合力"。

动作名称

呼吸吐纳定气法	十指合胸拜三参
单掌托起五指山	鹤行踩力盘膝法
子午阴阳在胸前	翻身闭手掌缠身
气贯四意分上下	供手胸前葫芦气
合气盘旋上贯力	二气相分扫山峰
十指抓力乾坤少	手挥十指有妙功
一掌出手震乾坤	单掌劈下一山峰
掌心托拳胸前变	怀中抱月在胸前
手靠胸前走双肘	双肘之中把肘换
胸前起手掌变拳	日夜星辰任我选
流星赶月换气法	曲珠气行掌追拳
气沉丹田多变化	十二经中皇极拳

第三节 白猿通背拳的功力训练

　　老前辈为了提高防身抗暴、克敌制胜的效果，还利用辅助器材进行训练，练操桩、打袋等硬手功夫和重手功夫，利用桩、袋进行模拟实战。拳谱中提道："不练铁顶，不操铁裆，要打狗皮袋，多操八宝桩。狗皮袋常操练，日久天长手似铜，遇到邪门更方便。"常用的辅助器材包括装铁砂子的掌心袋、砂棒和砂袋；用狗皮做的狗皮袋，吊着的叫挂袋，平放着的叫卧袋；不倒翁式的活桩，因有八种打法被命名为八宝桩。

第二章 白猿通背拳拳系的内容

一

辅助器材训练所用的主要器材如下：

（一）

莲花橛

（二）

小棒子

二

硬手功夫训练所用的主要器材如下：

（一）

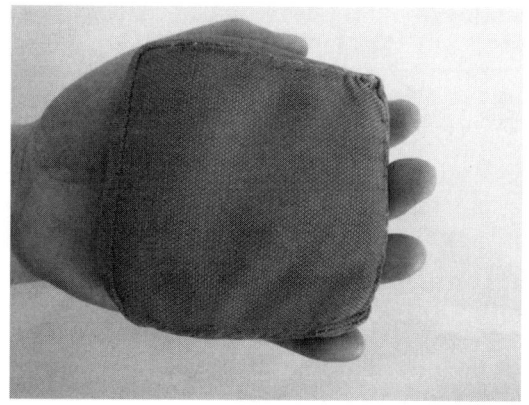

掌心袋

（二）

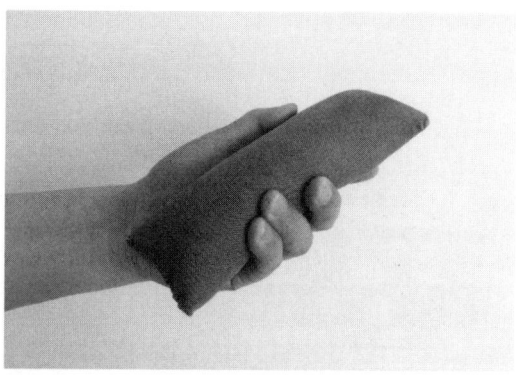

砂棒

第二章 白猿通背拳拳系的内容

定步重手功夫训练所用的主要器材如下：

（一）

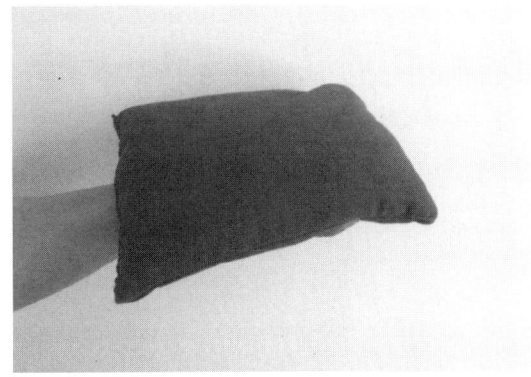

砂袋

（二）

铁链条

四

活步重手功夫训练所用的主要器材如下：

（一）

挂袋

（二）

卧袋

五

活步灵敏功夫训练所用的主要器材为八宝桩。

笔者中青年时代在北京工作、学艺时，在天坛北门里面打的桩，是按传统方法制作的八宝桩。八宝桩下面的底盘是个厚20厘米左右，直径50厘米左右的石窝子，石窝子中间凿个直径约20厘米的孔；孔里插一根直径十五六厘米、约一人高的圆柱形木桩；木桩上套一个以前北方农村提井水用的柳罐；柳罐外面先包一层羊毛毡，羊毛毡外面再包一层狗皮。

石窝子下面是碗底形的，如同不倒翁的底部；木桩跟石窝子之间是活动的，为了防止木桩被石头的桩窝子磨损，在木桩下端跟石窝子相接触处包一圈铁皮；在铁皮上方包一圈30厘米左右的一层毡子和狗皮，供练习以脚踢桩用；此上到柳罐下沿口再包一层羊毛毡，供练习肩胯靠打用。柳罐的口径比木桩大，相互间也是活动的，为了防止桩旋转时产生的离心力将柳罐甩出去，在柳罐下沿口以上3~4厘米处的柳罐和木桩上钻一个对穿孔，用绳子穿过去牵拉着柳罐。

由于现在制作条件限制，一般用现购的"不倒翁"做八宝桩的替代品。

嫡传白猿通背拳概论

八宝桩的替代品

但传统的八宝桩的旋转速度要比它快，力量也比它大。

打八宝桩如同射击打移动靶，有利于练习闪展腾挪，身灵步活，提高灵敏度。同时，意念、眼神、距离感等都能得到很好的训练。

第四节　白猿通背拳的器械

白猿通背拳的器械除了刀、枪、剑、棍常用的四大件之外，还有行者棒和白猿梭。其中，断门枪是本门老前辈石鸿胜用通背散手一百零八手跟祁太昌老前辈换来的；天罡刀和天罡剑是吸纳京师怪侠赵九爷的；白猿梭是笔者发明的，于2020年获国家专利。

据杨起顺先生介绍，嫡传白猿通背拳原来也有自己的枪、刀、剑的，后认为祁家的枪和赵九爷的刀、剑更好，才吐故纳新更换成他们的。

　　器械只是手的延伸，如同拿着器械打拳，要求身械合一。

一

　　天罡刀的长度约为托刀时刀尖与耳垂同高。天罡刀有两个与众不同的特点：一个是刀背近刀尖部分是开口的；另一个是刀把末端不系彩布，拴皮手挽。

动作名称

日照三尖劈面追	浮云遮顶快如飞
鸦赛猛虎爬山式	难逃肋下点钢锥
裹脑拦腰世人惊	摇辘斜肩去摘星
将刀一横惊人胆	倒退一步刺前胸
削肘鹰翻拦马式	进步撩阴利刃崩
将刀一豁撩月式	打马回山磨身行
雄鸡上岭快刀法	翻身独立抱门封

二

　　天罡剑剑身三尺，剑把六寸许。天罡剑是实用型冷兵器，所以剑把末端不系长穗或短穗，拴皮手挽，用以套在手腕处，以防剑脱手而落地。

动作名称

天遣天罡降中央	电转星移把身藏
凤凰展翅乾坤扫	野马回身去思乡
左右擢撩飞白雪	顺风扫叶遮上下
梨花舞袖晃太阳	蝴蝶双飞闹花堂
青龙戏水单探爪	鹞子翻身落晓庄

左走钢锋秋叶落	右行刺刃虎追獐
犀牛望月栖形像	挽手折花有余芳
斜身跨马游春景	滚手相连上下防
摆头进步风雷动	闪刺犹如豹擒羊
见血封喉需错步	夜叉探海电闪光
斜肩带背劈山势	变化飞舞亦此剑
可知进退打星法	观北星辰剑曲旁
长操此剑精神爽	不见英雄切莫详

断门枪俗称十二连枪。平时练不装枪头，称为杆子，装上枪头才称枪。枪分步下枪和马上枪。步下枪枪杆长六尺，枪头长一尺二寸或九寸。马上枪枪杆长九尺三寸，枪头长一尺五寸。所谓"丈八长枪"，本门的传授就是一丈八寸长的枪。

动作名称

一扎籐箩缠枝	二扎拥错代环
闯枪邦紧相连	花中取蕊挖心胆
幌龙转小转环	砲打襄阳大缠战
定心枪用带环	锦鸡斗门紧相连
穿针穿袖吕布托天	
砸枪法步斜钻	其名就叫赶羊鞭
孤雁出群手作卷	上步就用猿猴抱伞
这些枪点要心算	闪展步法多操练

白猿棍比较长，为使用者的身高再加上两只拳头的高

度。多数情况下是两手相对握棍，便于一根棍当两根棍使用。另外，两个把之间的棍常靠着腰，便于发整劲。

动作名称

猿猴提棍把礼行	拨云扫雾腾身纵
白猿抱棍把门封	昆仑提棍鸳鸯点
行门过步走拧砸	上步回身斜劈山
撩阴三棍多变化	一棍三里二棍风
三棍单打壶底中	翻棍太阳打得狠
拦腰横棍棍打章	立劈棍法打上星
托棍转身走劳宫	涮棍顶献劈棍法
微步抽棍点膻中	上步横扫开屏式
摇棍上身顶星砸	抽棍提膝先用腿
落步提膝劈山形	抽步翻身棍走中
闭棍回身上步点	龟行步法砸脉冲
闪步斜身拧砸棍	盘龙棍法三里行
翻棍上步阴阳变	闪步回身棍捲风
微步回身抱怀中	车轮棍法中心式
一跟一打紧上行	二棍摇搬打膑骨
三棍斜肩任我行	盖棍式法迎面打
闪步横棍走刚风	跨步斜打两肩行
撤步盘棍回身式	猿猴抱棍把招行
跨步先打童子骨	二棍再把锁骨行
单臂摇轮立劈式	猿猴搬枝紧上行
涮起棍来打太阳	双臂摇轮往前行
上步盘棍担山力	跨步横扫三阴式
上步搬棍打承山	胸前变棍捋打棍

上步拧砸赶羊鞭　　扣手盘打曲池穴
拗膝盖打走正中　　涮手换棍抱门封

五

行者棒的长度约从地面到使用者心口的鸠尾穴再加上两只拳头的高度，属于短器械。握棒的形式与白猿棍基本相同。行者棒的把很活，灵活多变。

动作名称

抱猿势	迎门三棒
左砸棒	右摔棒
吕布托天棒	转身磨盘棒
踪步立劈棒	拧棒
钻点棒	双臂摇轮棒
回身抱棒	上步下盘棒
底撩棒	撩阴棒
盖棒	铲辘三盘棒
拨打回身穿梭棒	鹤行三步棒
金鸡点头棒	车轮棒
回身拨打贯耳棒	力劈华山棒
拨草寻蛇棒	左右劈山棒

六

白猿梭长 30 厘米左右，主要有八种技法：架、压、拦、扇、砸、撩、点、刮。攻守兼备，使用灵活。其特别适合现代人随身携带，用于防身。

第二章 白猿通背拳拳系的内容

动作名称

白猿击鼓	指天画地
雁落平沙	猛禽啄食
左右分水	顺风扫叶
犀牛摇头	玉女盘发
青龙出水	白虎下山
左顾右盼	鸿雁振翅
比翼双飞	狮子盘球

第三章　白猿通背拳对身体各部位的要求

白猿通背拳练习的总体要求是：意动，气行，形随。具体来说，是从"松开来，沉下去，立身中正"开始，然后在意念的引领下，用躯干带动四肢，逐渐做到上下相随、内外相合，最后达到周身一家、浑身是拳的境界。

白猿通背拳分内外两家功夫。

内功是一种道家气功，讲究"心引气走，意引血行"，"吸化开合，行桩踩气"，"轻软绵连随，旋转空化力，阴阳任督气"。

根据拳谱的要求，在操练拳术时要"抱着形打"，这个"形"就是"猿猴形"。根据像形猿猴的要求，白猿通背拳要求"抱得紧，打得严"。

头部要求："头顶项领"，"势在顶玄"。

躯干部要求："立身中正"，"吸胸沉气，探背松肩"，"提裆垂闾"，"前胸空，后背绷"，"肩如扶担，琵琶骨活如扇"。

手臂部要求："手不离胸，肘不离肋"，"手似镰、腕要黏"，"二手穿连似星串"，"拳由口内发，撤回归肋下"。

腿部要求："掩裆合膝"，"四六步多操练，中正不偏，随步擦拉永不换"。

在整体配合上要求："三尖对正一条线"，"上下相随，内外合一","散则成风弥六合，聚则成形神贯通"。

出手时要求："出手要冷，行气要醒","拳似流星眼似电，腰似蛇行腿似钻，出手自当有奇变"。

动作时要求："轻如丝卷，重若砣坠","急如猫扑鼠，快似箭离弓","时时刻刻记腰中"，还要求"忽远忽近，忽大忽小，忽曲忽直，忽进忽退","周身如电，运转如飞，有时如大鹏展翅，有时如猿猴入洞，灵活灵动"。

发劲时要求："冷、脆、快、硬。"白猿通背拳将骤然而发的劲叫"冷劲"；将发得干净利索的劲叫"脆劲"；将发得迅雷不及掩耳的短促的劲叫"快劲"；将发得刚暴强劲、无坚不摧的劲叫"硬劲"。

白猿通背拳在手法上表现为"支、架、遮、拦、搂、刀、滚、转，封、闭、堵、截","抓、打、劈、按"；在身法上表现为"挨帮挤靠，闪展腾挪"；在步法上表现为"龟走、鹤行、虎跳、鹰翻"及"窜纵跳跃"；在腿法上表现为"八腿"；在眼神上表现为"观颜察色，见景生情"。

练拳都要练架子。杨起顺先生曾说："把式把式全凭架势。"又说："用时无定法，练时有定规。"可见，按要求、按规矩练好拳架子是十分重要的。拳架子好的人虽然不一定是高手，但是连拳架子都练得不像样的人，功夫肯定是很难高深的。因此，各门各派几乎无一不重视拳架子的。

对于练架子，本门拳谱里总的原则要求是两条：一是"静如处子，动似脱兔"；二是"散则成风弥六合，聚则成形神贯通"。一静一动。但静，并不全像冰肌玉肤的处女那样态若冰霜，而要精神意念足地"神贯通"；而动，也并不能像漏网之鱼、丧家之犬般慌不择路地撒腿乱窜，而是还要抱着形，更要做好内三合外三合。

以下先讨论静，即定势时的架子；后讨论动，即运步出手时的架子。

第一节　定势时对架子的要求

白猿通背拳定势时，最关键的要求是两点。一要"松开来，沉下去"。要让脊柱关节节节松开，将臀部向前送，提裆垂间，使后背部由"S"形变成"C"形（月牙形）；使躯干部的形状像睡觉侧卧，或是像坐在家里看电视，又或者像骑在自行车上一样自然屈曲；胯关节也必须松开，臀部向前送，重心下沉，使人体与地面有一种贴近感，有一种亲和力。二要立身中正，使头顶的百会穴与裆部的会阴穴的连线，与地面基本垂直。

白猿通背拳定势时的基本架子要求如下：

头部要求："头顶项领"，"势在顶玄"。

躯干部要求："立身中正"，"吸胸沉气、探背松肩、气沉丹田"，"提裆垂间"，"尾间中正"。

手臂部要求："手不离肘，肘不离肋"。

腿部要求："掩裆合膝"，"四六步多操练，中正不偏"。

以上四个部位配合起来，则要求"三尖对正一条线"。"三尖"是指上部的鼻尖，中部的手尖，下部的脚尖；"对正一条线"是指对正前后两只脚连线的延长线。

拳谚云："学拳容易改拳难。"所以，对初学者及其师父来说，一开始一定要十分注重基本架势的训练和正确姿势的培养，以便为以后的深造奠定坚实的基础。

第二节 定势时对头部的要求

"头顶项领"是本门拳谱《基本操手秘诀法》里的第一句话，也是第一个要求，可见它的重要性。杨起顺先生对这句话的解释是："头顶项领神意足，眼似铜铃发号令，手似刀枪命不留。"这是为了使思想、意念高度集中，打起全部精神，显出一派"上场如猛虎"的英雄气概。太极拳家武禹襄在他著名的《打手要言》中讲："精神能提得起，则无迟重之虞。"可见这也是为了能灵敏、快速地作出各种反应动作。

杨起顺先生对"势在顶玄"的解释是："发劲一挑顶是也。"即"势在顶玄"是一种能量，是一种气势的表现。

"头顶项领"才能"势在顶玄"；要能"势在顶玄"，必须要"头顶项领"。两者相辅相成。

"头顶项领"与"势在顶玄"，最主要的是要体现出练拳者的神态和精神专注度。此要求深契前辈拳家所说："拳术之道上精神。"如果一个人练拳时精神不振作，则不能算是好把式。杨起顺先生更是把练拳者的精神状态作为评判其功夫高低的首要标准。他老人家一直要求笔者在练拳时做到"神如扑鼠之猫"。

在训练场上，我们经常发现有些人在练拳时会低着头，眼睛向地下看，这是不对的。"低头猫腰，传授不高"。有些人虽然不埋头看地，双目却茫茫然不知所向，这也是不对的。应当目光炯炯有神地盯着自己所要打击的目标，做到"神如扑鼠之猫"。此外，人的头部约占人体的1/7，它又处于人体上部的制高点上，它对人体的平衡至关重要，所以摇头晃脑也是绝对不允许的。

关于如何做到"头顶项领"与"势在顶玄"，杨起顺先生指导的方法很明确："吃口气，提精神，鼻孔吸气二目圆。"又说："吃气明目，挑顶——鼻孔吸气经过睛明穴，神清眼明，提起精神了，如此即能眼观六路，耳听八方了。"

第三节　定势时对躯干部的要求

白猿通背拳将人体分为三部九节，同时又将躯干部位细分成三段（三路）：鸠尾穴以上称上段，鸠尾穴至关元称中段，关元至会阴称下段。

拳谱《基本操手秘诀法》里对躯干部分所要求的"探背松肩"，是由上段完成的姿势；"提裆垂间"和"尾闾中正"，是由下段完成的姿势；由"吸胸沉气"到"气沉丹田"的"虚胸实腹"，则是由上段经过中段，与下段合作完成的姿势；"立身中正"则须这三段结合在一起，既不前俯也不后仰，既不左歪也不右斜。

笔者恩师杨起顺先生将"前胸空、后背绷"和"吸胸沉气、探背松肩"解释为："前胸一空变化多，后背一绷要入洞；吸胸沉气空化力，探背松肩打面门。"

"吸胸沉气"与"气沉丹田"，是形意、太极、八卦等拳种都很注重的内容。明确其重要性的同时，更要注意练习方法，若在练习气沉丹田时，由前面的胸腹部使劲向下压，长此以往，便会造成心口发闷、饮食不香、睡眠不宁。

武术运动中"气沉丹田"的气，绝不是真的有呼吸气能沉到丹田，呼吸气永远只在肺里。即使肺破了，也只能在胸腔里，患气胸。因为人体的胸腔与腹腔之间还有一道横隔膜隔着，呼吸气永远也到不了下腹部的丹田。

而武术运动要求达到的"气沉丹田"的气，只能按中医理论来解释，是"内气"，是脏腑之气，是指人体的脏腑之气随脏腑的下沉而下沉到丹田，被称为"气沉丹田"。

因为中医所讲的气，不仅是指呼吸的气，还认为五脏六腑各自都有各自的气。这是古代医家将古代哲学中的精气学说引用于医学后，建立起来的中医生命观，后被用来解释人的生命现象。它既是构成人体的基本元素，也是对人在生命活动中如何感知世界及应对自然的实践性概括。

从现代解剖学来看，五脏六腑都维系于循行在体腔后壁部脊椎骨的主动脉血管、主静脉血管和神经中枢等。因此，在练拳时将肢体放松，其中最关键的是躯干部位脊柱的24块脊椎骨要节节松开，一直向下松沉到能提裆垂闾，使体腔里五脏六腑的位置随着脊椎骨的松沉而下降，使人体的重心向下沉坠。杨起顺先生曾指导说："气入丹田在于气，气沉丹田在于意。"让脊椎骨放松，由脊柱从后面向下沉，"松督脉提任脉"，结合"提裆垂闾"，"将臀部向前一送"。这样一来，五脏六腑的位置下降，其脏腑之气也随之下沉，就形成了"气沉丹田"。

不"提裆垂闾"，是不会"气沉丹田"的。要"气沉丹田"，必须要放松脊柱，并将臀部向前送。

所以，气沉丹田只能从后面向下沉，若从前面向下沉，非但沉不下去，还容易使人心口发闷，甚至练出病来。

下段的"提裆垂闾"很重要，它是接通任督二脉的重要一环，因为白猿通背拳非常重视"阴阳任督气"。根据中医理论和经络学说，任脉总领一身之阴经，督脉总领一身之阳经。所以在练功时，要求上面舌抵上齿根，与督脉相接，搭阴桥；下面提裆垂间，搭阳桥，让任督二脉相接、相通，使人体前后两片合而成为一个整体。这样，从健身来讲，是有利的，"任督通一身通"；从防身来讲，也是要紧的，这样出的劲就整了，所谓"阴阳最要走合力"。另外，拳谱里讲："提裆垂间方得灵活上下。"所以，这样做有利于我们身手敏捷，旋转自如。

上面三段要求达到后，还要立身中正。现在有不少练家躯干向前俯得厉害，还撅屁股，这是非常不合适的，其弊有三：一是发不出整劲。白猿通背拳的发劲，讲究"起于根，发于腰，通于背，达于梢"。前俯的躯干和撅着的屁股，是无法将起于根的劲传达到梢节手上去的。二是不灵活，转身速度慢。人体转身换向时，其脚在转动的圆圈的圆心，躯干越是前俯，其手与脚之间的俯视投影距离就越大。根据圆周长的计算公式，躯干前俯越大，上肢手部运行的线路就越长。如果此人转身的速度不变，那他就要花费较多的时间才能完成该动作，这就显得慢了。而前俯造成的手部多运行的线路长度，在紧要关头可能就是决定胜负的关键。三是稳定性差。当快速前冲，尤其是快速旋转时，躯干前俯的制动难度大，容易造成重心不稳而失去平衡，甚至摔倒。

关于"立身中正"，杨起顺先生提出的标准是：让头顶的百会穴跟下面的会阴穴，两点连接成的直线，与大地基本垂直。按这个要求做，似乎并不难做到"立身中正"，但在"探背松肩"向前出击和"狸猫扑鼠"向下按的时候，身体特别容易向前倾斜，于是针对性地提出两个解决办法：当向前出击时，只着意于"前胸空，后背绷"，别使腰弯曲；当由上向下按或拍、或劈时，只着意于收腹坐腰，弯曲的折叠线放在腰腹部，别下移至胯部。

此外，还需注意两个问题。一是用舌尖触碰到牙床的上齿根即可，而不主张"舌顶上颚"，去顶口腔的天花板。因为"舌主心劲"，卷起舌头去"舌顶上颚"，顶口腔天花板的话，劲用大了，时间一长血压会升高，会引起头晕。二是提裆，只要求臀部向前送就行了，绝不能像有些人提倡的"如忍大便状"。

第四节　定势时对手臂部的要求

拳谚云："手是两扇门。"这句话的意思是说人的手是人的"关防"，充分说明并强调了人的手对人身安全的防范和保护作用。因为人的头部和躯干部有不少薄弱部位，是不经打的，所谓的金钟罩、铁布衫，只是人们对抗击打能力的夸张形容，如眼睛就需要用手去紧闭门户，严加保护。

杨起顺先生反复教导说："拳有千变，全在手上变。"就是说，攻击对手的拳法千变万化，全是由手来执行并完成攻击任务的。他老人家传授的八抓、八拳、八掌、八劈、八按和八手、八招、八肘等，都是最好的范例。

在白猿通背拳里手有双重功能，既能用于自我保护，又能用于打击对手。因此，两只手所摆的位置要十分讲究，既要有利于防守，又要便于出击。

白猿通背拳是注重技击的拳种，它对两只手提出了"三连"的要求。本节主要谈练的架子，所以只讨论其中的一连——"手肘相连"。

白猿通背拳每次单操起势的架子叫"抱门子"（在《八手总拳》套路里叫"擎捶抱门扇"），这是代表本门门户的标志性姿势：两只手一前一后，前手为凤眼拳，后手为瓦笼掌。杨起顺先生要求：前手凤眼拳的中指关节大约与人中穴同高，离人中的距离约为一尺五寸。人有高矮之分，臂有长短之别，所以前手与人中的距离也可以按右臂的上臂与前臂约为135°的夹角来定位。后手瓦笼掌的虎口置于前手肘关节的肘尖处。两个肩的连线投影与下面两只脚的连线大致成45°交叉，斜对前方。这时要注意松肩、坠肘、坐腕。

白猿通背拳将位于前面的拳称为"招"，位于后面的掌称为"手"，要求手招相合，手看着招，招看着手，手招相连。但现在有不少人练拳，后面的一只手往往放得过低，或像长拳似的放在腰间，离前面手臂的肘关节太远，用笔者家师的话来说，这叫"抱得不紧"，是不对的，既不利于防守，也不便于出击。

第五节　定势时对腿部的要求

从拳术角度来说，人体的腿部有四大功能：一是承载功能，二是移动功能，三是防卫功能，四是攻击功能。

白猿通背拳定势时对腿部的要求，主要是"四六步多操练，中正不偏"的承载作用，以及"掩裆合膝"的防卫作用，本节先讨论这两条，其移动作用和杨起顺先生所传"八腿"的攻击作用，请容待后述。

第三章 白猿通背拳对身体各部位的要求

白猿通背拳定势时的基本步型是"四六步"。这里的"四六"是指支承体重的比例。杨起顺先生指导笔者在地上画一条直线，双脚前后分开，前脚的涌泉穴和后脚的足心穴踩在同一条线上，五个脚趾轻微抓地，前脚与该直线约成45°夹角，后脚与该直线约成30°夹角；根据个人情况，前脚跟和后脚尖相距约一只脚到三只脚的长度；双腿屈膝下沉，前后腿承载的体重按四六成分担（前后腿负担的体重稍有区别即可）。其中，前腿承载六成体重的步型叫正四六步（前实后虚），后腿承载六成体重的步型叫倒四六步（前虚后实）。四六步前腿的大腿和小腿均应向后倾斜，后腿的大腿和小腿均应向前倾斜，前后两条腿成"人"字形相互支撑。需要特别注意的是后腿的胯关节必须下沉，并随"臀部向前送"而向前送。身体的重心，只能落在前脚脚跟到后脚脚尖之间。

在双腿屈膝下沉的同时，配以转腰拧胯，使两个胯关节的连线投影跟下面两只脚的连线约成45°交叉，以便使前后两条腿的膝关节相互合拢，用以掩护裆部的下阴，这就叫"掩裆合膝"。人体的下阴是薄弱部位，需要严加保护，所以白猿通背拳提出了"掩裆合膝"的要求。掩裆是目的，转腰拧胯合膝是手段。为了掩裆，我们必须要重视转腰拧胯合膝。同时，转腰拧胯还能纠正后腿的脚横着的问题。

在站倒四六步时，臀部不能超过后脚的脚跟，更不能为了求得身体的平衡，将躯干部向前俯，撅起屁股。前面那只脚的脚跟可以离地，其目的是便于昆仑穴踩气，发整劲。杨起顺先生曾说过，脚上有三部气，昆仑踩气是其中的重要一部。

在站正四六步时，前腿的膝关节也不能超过下面的踝关节，假如前腿的膝关节超过下面的踝关节，重心就会前冲，不仅站不稳，还容易损伤膝关节。步子大的时候，后腿那只脚的脚跟会稍稍离地，这是人的生理结构造成的。但是，后腿上的胯关节必须要向前送，送到能"提裆垂闾"，否则后面那只脚的脚跟会离地过多，造成后腿太虚而缺乏支撑力。

两只脚的五个脚趾要轻微抓地是为了增加脚与地面的接触面积，使脚有扎根入地的感觉，以增强人体的稳定性，使"下盘有根"。当然，这还要配合"吸胸沉气"。

此外，还有一个"以腿破腿"的防卫作用，这里就不展开谈了。

据本门老谱记载，白猿通背拳的创始人是唐末宋初的著名道士陈抟。陈抟老祖是个了不起的、对后世影响极大的易学大家，因此，他创建的武技必然会以易理推拳理。"易"讲变化，重变化，白猿通背拳也非常重视变化，在《通背猿拳术之要论》里，就有"要知胜败，全凭虚实"的论述。白猿通背拳的变化是虚与实的变化，按《易经》来说，武技的虚实变化也就是阴阳变化，阴阳转换。而这种阴阳虚实转换、变化得越方便、越快速越好。所以，前后两条腿承载体重的差异绝对值只有两成，这就既避免了"双重"，又避免了偏重，便于阴阳虚实的转换，这就是四六步的精当之处。

第六节 行拳时对架子的要求

关于白猿通背拳的架子，拳谱里总的原则要求有两条：一是"静如处子，动似脱兔"；二是"散则成风弥六合，

第三章 白猿通背拳对身体各部位的要求

聚则成形神贯通"。一静一动,静是定势,前文已经介绍了,下面将要讨论的是动,即运步行拳时的练法。

练白猿通背拳时,最关键的是要用身体练拳,要用躯干带动四肢。在做各种开合、旋转、盘旋等动作时,都要用躯干做出相应的动作。例如,凡是手和手臂出去的动作,肩背首先要出去,要用肩背推动手臂;凡是手和手臂回来的动作,肩背首先要回来,要用肩背带动手臂回来。凡是动腿动步子,首先要动腰胯,要用腰胯带动腿。要将手臂当作肩背的延伸,将腿当作腰胯的延伸。凡是旋转性的动作,要先转动躯干,然后带动手臂转动,手臂不能先于躯干而乱动。凡是向前向上的动作,也要躯干带动手臂,躯干不动,手臂是不能先于躯干乱动的。就像电风扇,是由电动机带动风翼转的。

旋转或向前向上时,运动方向后面那条腿的胯关节都必须向前送,"松胯、送胯",从身体的根节发动,送到"提裆垂间"为止。作为手臂部的根节——肩背,也要"探背松肩",向前送,送到"前胸空,后背绷",直到背部有绷紧感,像"气贴背脊"为止。从手臂来说,要配合腰胯和肩背的动作顺势而为,推波助澜;从手来说,也要配合主攻方向,或握紧拳头,或挺直手指,又或屈指一抓等。各个身体部位相互配合才算做到"起于根,发于腰,通于背,达于梢",发整劲。

拳谱操手法里要求:"出手要冷,行气要醒。"就是说一动就要快,要"动似脱兔",要有一股近乎拼命的野性,要有一种龙腾虎跃的气势,要像拳谱《通背猿拳术之要论》里要求的那样:"周身如电,运转如飞","忽远忽近,忽大忽小,忽曲忽直,忽进忽退","有时如大鹏展翅,有时如猿猴入洞,灵活灵动"。拳谱《基本操手秘诀法》里，对快提出的形象要求是："急如猫扑鼠，快似箭离弓。"要快，就必须要提起精神，要做到"神如扑鼠之猫"。但快的同时不能手忙脚乱地瞎快，要快得不乱章法，做到六合。

各门各派各拳种几乎都讲六合，杨起顺先生传授的白猿通背拳也讲六合，但内容却与众不同。杨起顺先生传授的内三合是"心、气、胆"，外三合是"手、步、眼"。

所谓"心"，是指这门拳术的运动要求。古人以心代意，白猿通背拳行拳时要求意念、精神高度集中，指挥动作，即所谓"心意君来骨肉臣"。

所谓"气"，就是丹田气。定势时要求"气沉丹田"，但沉于丹田之气不是沉下去就不动了，不是死水一潭，在行拳时要随时随地将气取出来用，要能"气动神移贯全身"。杨起顺先生认为："人有三部气：宗气、中气、元气。宗气是后天之气，是呼吸吐纳，是肺气，是外气；中气是脾胃之气，是消化五谷杂粮的；元气是先天之气，也叫肾气、精气，是内气。"在行拳时，杨起顺先生特别强调"三部丹田，五部运气"。这三部丹田是上、中、下三部，加上前、后丹田，共五部。

杨起顺先生说："上丹田活于背，通于臂，到于劳宫，定位百会；中丹田活于腰，通三焦，定位关元（实际是针灸图上的中脘）；下丹田活于胯，通于腿，达于昆仑（前面到涌泉），定位会阴；前丹田定位神阙，后丹田定位命门。"要求它们协调配合，共同完成动作。例如，《六路总手》里的直立推山，推山的时候，要求用后丹田去撞上丹田，做到"腰背相通"，这样的练法，就显得很完整。直立推山也是一个比较典型的"五弓"齐发的范例。

内气、丹田气的运行，要由意念引导，由呼吸气、外气来催动，就如本门内功里讲究的"心引气走，意引血行"。例如，当我们向手上贯气时，掌心会发热，手指会变粗，就是这个道理。

在操练和实战时，必须要严格贯彻"意动气行形随"这三为一体的原则。意动如"意若惊蛇"，气行似受惊时猛抽一丝冷气，形随像如影随身。

所谓"胆"，就是要有大无畏的勇敢精神。一个胆小如鼠的练武之人，在与人较技的时候，如果心里颤抖，腿肚子抽筋，那平时练得再好也无用，想赢对手，是绝对不可能的。北方人说："狠的怕愣的，愣的怕不要命的。"南方人说："拳师碰到蛮厮，打得像屎尿。"狭路相逢勇者胜，所以敢打敢拼的英雄气概，从一定意义上讲，比技术都重要。

杨起顺先生传授的外三合"手、步、眼"要协调配合。其中，"手"既指手法，也包括整个手臂部分；"步"既指步法，也包括整个腿部。上面的"手"和下面的"步"要配合，这就离不开承上而又启下的腰了。

白猿通背拳将人体分成三部九节。这三部是头、身、腿三部；手、肘、肩三部；脚、膝、胯三部。九节则是手三节、腿三节、身三节。杨起顺先生非常强调拳谱《基本操手秘诀法》里"时时刻刻在腰中"这句话，他老人家要求"身三节以腰为轴"，"腰为一身之总领"，行拳时要用腰去带动四肢百骸运动。

眼睛是心灵的窗户。眼睛除了视觉功能之外，还能表达情感和意念，反映神情和动向，是肢体运动的先锋官。意念之所向，目光之所投，必须是拳脚之所趋。"手、步、眼"的配合，一定要密切。

"步眼"二字连在一起，还有另外一层意思，就是投足的落点要踏准地方。例如，上左脚抢步，关键就是要使左脚的内脚弓落在对方右脚脚后跟处。

内三合要合，外三合要合，内外三合之间也要合。它们之间的主从关系是内三合带动外三合，也就是说，要以内动引导外动，做到内合外顺，这才是完整意义上的六合。在行拳时，既能快速地"运转如飞"，又能按六合的要求，抱得紧，打得严，那是何等的生龙活虎，威武雄壮！

第七节　行拳时对上丹田的要求

丹田丹田，既然是田，那就是一片，而不是一个点。杨起顺先生说："上丹田活于背，通于臂，到于劳宫，定位百会。"白猿通背拳将鸠尾穴以上，从胸、背部到头部，包括两个手臂，都归属于上丹田范围。

头部，要求"头顶项领"，"势在顶玄"，要提起精神。除此之外，杨起顺先生还常提及"意在顶玄"，要用意念指挥动作，要求"意到神至，神至手到"。在行拳时，要像拳谱里要求的："眼似铜铃，手似刀枪"和"拳似流星，眼似电"。目光要有一股威严之气，要寒光逼人，显得威武勇猛，起到震慑对手的作用。鼻子的呼吸也要有所作为，做到"气分九度"，既不可猛地一下子吸足，也不可一呼而光。拳谱《基本操手秘诀法》里要求，"出手要冷，行气要醒"，因此呼吸气要短促，要与意念、神情、动作相配合。杨起顺先生常说：

第三章　白猿通背拳对身体各部位的要求

"沉气打时松肩，醒气打时换背"，要求呼气和吸气时都能发劲出手。必要时，嘴巴也要用上。拳谱《基本操手秘诀法》里要求的"发声号令"，就是指发挥嘴的作用。

胸、背部这一块，前文在讲定势时，曾要求"吸胸沉气，探背松肩"。在行拳时，拳谱里要求"肩如扶担，琵琶骨活如扇"。杨起顺先生将"肩如扶担"解释为："两个肩在前后换位的时候，像南方人挑担子在行进中换肩那样，一错担子就从左肩移到了右肩，或从右肩换到了左肩。"杨起顺先生认为"琵琶骨活如扇"是指"调肩换背要非常灵活"。关于"肩如扶担，琵琶骨活如扇"的重要性，杨起顺先生将其形容得十分形象："琵琶二扇换肩背，刀枪一动鬼神愁（尖拳似枪掌如刀）。"

"肩如扶担，琵琶骨活如扇"的练法，最能表现出白猿通背拳的动作特征。通背通背，就是要背通。背不通，就不成其为通背了。杨起顺先生对通背的原则解释是，要"四路通肩，八路通背，以四肩定位，使背贯通"，从八个方向，实际上是指从任何一个方向都能出手发招。

杨起顺先生非常强调发劲要整，要"起于根，发于腰，通于背，达于梢"。如果背不通的话，这起于根、发于腰的劲，就传不到梢节手上。同时，从手三节来讲，肩背是手臂的根节，出手时肩背必须要动，必须要"探背松肩"，做到背背相通和背臂相通，使"前胸空，后背绷"，应感到后背部有绷紧感，类似太极拳前辈所说的"气贴背脊"。

为了保持"立身中正"，我们在上丹田发劲向前出击的时候，意念只在于"前胸空，后背绷"，不要使身体过度前倾，避免形成够着打。"手不够，步子凑。"

本门有三大主劲，肩背的甩劲就是其中之一，如果背不通的话，就做不到"调肩甩背发力"。

为了使背能贯通，并能调肩换背得灵活、沉稳而又有劲，必须注意以下三个问题：一是出去的肩不仅要"甩"，更要靠异侧的一个肩去挤它，做到"背背相通"，这样才会既整又快又有劲；二是两个肩的转动，"含胸拔背晃二肩"，肩转横"8"字时，要以胸椎为轴，不能毫无制约地乱晃；三是调肩换背到45°斜对前方就行了。总之，手的进出一定要用腰背来带，绝不能仅是手臂的一伸一屈。

对于胸、背部，除了"前胸空，后背绷"和"调肩换背"之外，一定要让它动起来，活起来，起更多的作用。例如，两个肩要能做正反向的横"8"字形旋转；胸背部要能做纵向开合、横向开合和斜向开合等。

拳谱对手臂部的速度要求是"拳似流星"和"二手穿连似星串"，就是要快。至于快的方法，前面已经讲了，不再赘述。

拳谱对手臂部运行线路的要求是"拳由口内发，撤回归肋下"。杨起顺先生非常重视"手从哪儿出，从哪儿入"的问题，并且严格要求做到"三口发招"。"三口"就是虎口、心口和嘴。"撤回归肋下"，不是指手撤回归肋下，而是要求肘"撤回归肋下"。众所周知，手三节是手、肘、肩。手是梢节，肘是中节，肩是根节。手臂的运行，要以肘为轴，肘为一臂之总领。现在有不少人抱得不紧，显得很散，问题就出在撤回的手臂没有处理好。一是回手时没有以肘为轴，去坐肘；二是肘撤回的位置不对；三是肘关节夹角太大，使手落得太低，没有落到异侧手臂的肘关节或腕关节处。

人体的肋骨有一大片，撤回的肘应当归于肋的何处呢？我们可以做一个托腮沉思的动作，将拇指和食指分开，用虎口托住下巴，这时肘碰到肋的什么地方，那么后撤的肘就回归到这个地方。同时，还要控制该手臂肘关节的弯曲角度，使手跟异侧手臂的肘或腕贴近。

杨起顺先生经常强调"手不离中线"，"举手不丢三尖"，要求"两肘靠肋，两手靠胸，缩小绵软巧"，以便做到"守中用中，得其环中，以应无穷"。

拳谱对手臂部的动作要求是："手似镰，腕要黏。"杨起顺先生常说："搂刀手当先"，是指防中下路时用搂手或刀手。要求出手时，指关节或指关节和腕关节要弯成镰刀形，像用镰刀收割一样；在回手时，特别强调"手不空回"，要求指关节，或指关节和腕关节一起弯成勾，搂对方的手。所谓"腕要黏"，主要是要求腕关节要灵活，要能随意伸屈、旋转。像二十四势中四个暗势之一小转环拆手里的阴阳变、翻滚变等，手腕要多变。

拳谱对手臂部的打击强度要求是："手似刀枪"，"出手如砲"和"重似砣坠"。就是说，要有重手功夫，"手不能不吃'草'"。恩师杨起顺先生传授的砂棒、掌心袋、小棒子、铁链子、狗皮袋、八宝桩等，都是练重手功夫的。拳谱里说："要打狗皮袋，多操八宝桩。狗皮袋多操练，日久天长手似铜，遇到邪门更方便。"

第八节　行拳时对下丹田的要求

下丹田的范围比较大。笔者恩师杨起顺先生说："下丹田活于胯，通于腿，达于昆仑（前面到涌泉），定位会阴。"就是说，从关元往下，全部归属于下丹田。

下丹田的步法既要轻灵，又要沉稳。轻灵是指运步要快，要灵活，要利索。沉稳是指重心要压住，不漂浮，使整个人体与大地有一种贴近感，有一种亲和力，脚一着地就像扎根入地似的。拳谱《通背猿拳术之要论》里要求："腰似蛇行，腿似钻。""腿似钻"，既要求扎根入地得稳，又要求运转灵活，为上部的"腰似蛇行"提供坚如磐石的根基。

怎样才能做到轻灵呢？一方面要靠内三合里的"心""气"和腰胯来带动，另一方面是腿要以膝为轴，用膝总领一腿之关节。拳谱《基本操手秘诀法》里要求："四六步多操练，中正不偏，随步擦拉永不换。"当主动腿移位时，从动腿要立即向主动腿方向靠拢。例如，当左腿向前上步时，右腿要在胯关节向前送的同时，使膝关节的左前侧对着左腿膝关节的右后侧，使之"掩裆合膝"；若左腿向后撤步时，右腿要在腰胯的带动下立即以膝关节引领，使其左后侧向左腿膝关节的右前侧方向靠去，使之"掩裆合膝"。两条腿的膝关节之间，好像橡皮筋牵着似的，主动腿移位后，从动腿要立即随之而跟上去，这样才能避免拖腰拉胯。

怎样才能做到沉稳呢？除了内三合里的"心""气"之外，最要紧的是胯关节一定要松开，重心下沉，后面那条腿的胯关节向前送，送到位后做到提裆垂闾，"立身中正"。

"随步擦拉永不换"是擦拉步的要求，不管是进步、退步、闪展步还是绕步等，从动腿的脚永远是擦着地面被拉着走的。被拉着走的那条腿的膝关节应对着主动腿的膝关节。这个擦拉步，几乎是本门所独有的。

从动腿的脚擦着地面，是有好处的：一是保持身体平稳；二是相当于一条半腿支承着身体，比仅有一条腿支承身体更稳固；三是在快速行进中制动时，适当增加擦地脚对地面的压力，即增加摩擦力，有利于保持身体平衡。

腿的蹬劲，是白猿通背拳的三个主劲之一。笔者恩师杨起顺先生讲发劲时，要求发劲要"起于根"。这个根，既是腿，也是胯。从身三节来讲，腿是根节；从腿三节来说，胯是根节。所以胯是根中之根。因此，"起于根"的劲，应当着意于胯关节去发，要松胯、送胯而发。尤其要强调发劲的后腿要主动送胯，用胯朝前或朝上顶。

现在蹬脚发劲者有之，伸膝发劲者有之，这都不合适。这样发的劲既小，而且传到梢节手上又慢又少。脚上是可以发劲的，但方法不是蹬，而是"踩"，白猿通背拳内功里叫"吸化开合，行桩踩气"。杨起顺先生曾教导笔者说："脚上有三部气，三股劲——昆仑踩气发劲、涌泉踩气发劲、昆仑提气发劲。"白猿通背拳发劲，要求"冷、脆、快、硬"，脚下踩气，发出来的劲才会符合冷、脆、快、硬的要求，而且为整劲。像六路总手里的"一拳一掌"，有四种打法，当定步打时，出拳时前脚一定要昆仑踩气，同时，用后丹田撞前丹田，出来的劲就非常整。

第九节　行拳时对中丹田的要求

中丹田的地盘虽然不算大，只有鸠尾到关元这么一段，但它的中心枢纽地位却是非同小可。杨起顺先生说："中丹田活于腰，通三焦，定位关元（实际是中脘）。"它内连五脏六腑，外接四肢百骸，而且前丹田神阙和后丹田命门，也位于它的领域里。所以拳谱《基本操手秘诀法》要求我们行拳时"时时刻刻在腰中"。

在讲上丹田时，要求手臂以肘为轴，总领一臂之关节；在讲下丹田时，要求腿以膝为轴，总领一腿之关节。那么作为全身来说，就是要以腰为轴，以腰总领一身之关节，为一身之总领。无论哪个动作，都离不开腰，前弯后曲、左右旋转、升降盘旋、纵向开合、横向开合、斜向开合等，都得以腰为轴。

杨起顺先生在讲调肩换背时，说要坐腰；在讲手的进出时，说要用腰背带；在讲步子时，说进步快要靠腰劲；在讲打狗皮袋，用蹤步和垫步上袋时，说要长腰；甚至在讲打出去的手向后撤时，都说要屈指、坐肘、收肩与吸腰同时进行，以手指领劲，动作可以快得多等，到处都要用腰。

恩师在说手时，经常讲："腰似蛇行腿似钻，出手自当有奇变。"我们练八肘的盘肘和带肘时，腰是水平方向向左向右转的；练抄水式时，腰是向斜上和斜下方向转的；练裹边砲时，腰先向斜上转，即又变成向斜下转；练半边砲时，腰先向斜上转，即又变成近似立着的划圈转；在练红脸照镜时，腰带着手和脚转成了一个立着的圈；而练四平砲时，腰先是向前弯曲，随即又变成向后弯曲等。由此可见，腰转动的方向有很多。这些转法，带动着手的运动方向还不是太难辨别，最令人难以捉摸的，是当腰进行螺旋式运动时，手可以从螺旋形弧线的任何一个点上成切线方向飞出去，让人防不胜防。例如，做转身砲时，我们向左转腰，带动双手将对手右臂向左搂挂时，随即长腰，以右仰拳向右前方攻击对手上路；又如我们的右手刁拿对手右手的同时，腰由下向斜上做螺旋状运动，此时我们的左手既可以由左侧出去，向右前方攻击对手中路或上路，也可以从右侧出去，向左前方攻击对手中路。

腰除了有上述妙用之外，还能发劲。常言道："胳膊拧不过大腿。"那是因为大腿比胳膊粗，而腰比大腿还要粗，腰劲是非常可观的，应该用好、用足。笔者恩师杨起顺先生说："白猿通背拳有三个主劲：肩背的甩劲、腰的转劲、腿的蹬劲。"六路总手里的"闪展禽啄"，是这三个主劲同时发的最典型的范例。

上丹田讲究手法，我们提出要松肩；下丹田讲究步法和腿法，我们要求松胯；中丹田讲究身法，那就要松腰。松腰就是放松脊柱，使脊椎关节尤其是腰椎松开。腰松了，各种进退转折、吞吐沉浮、吸化开合的动作才能做得圆润而饱满。

三部丹田五部运气的功夫，揉进内外三合的要求，抱得紧，打得严，才能像猿猴似的快速敏捷，身灵步活，周身一家，浑身是拳。

第四章　白猿通背拳的十二秘诀

白猿通背拳有十二个被前辈们视为本门秘诀的"三字诀",它们是本门技艺以三字打头的方法、窍门。主要有三位、三节、三尖、三连、三口、三部、三先、三进、三欺、三变、三断、三合（内三合、外三合，合称六合）。

第一节　三位

"位"是指位置、部位。三位是指本门将人体划分成三个部位。这三个部位又分为大三位和小三位。

大三位是指整个人体的上、中、下三大部位，即头、躯干和腿。头是上路，躯干是中路，腿是下路。

小三位是将头和躯干部分又细分成三个部位：头至鸠尾这一段称上段，也称上路；鸠尾至关元这一段称中段，也称中路；关元至会阴这一段称下段，也称下路。

白猿通背拳所讲的三部丹田五步运气，就是从大三位和小三位里推演出来的。

上丹田位置包括鸠尾以上的肩、背、双臂和头。上丹田活于背，通于臂，达于劳宫（前面到指端），定位百会。中丹田的位置包括鸠尾到关元这一段。中丹田活于腰，通三焦，定位中脘。下丹田的位置包括关元以下的躯干部分和双腿。下丹田活于胯，通于腿，达于昆仑（前面到涌泉），定位会阴。

前丹田定位神阙（肚脐内），后丹田定位命门。

做动作时，上丹田、中丹田、下丹田三部丹田加上前丹田和后丹田，称为三部丹田五部运气。

第二节　三节

三节是指身三节、手三节、腿三节。

本门将人的整个身体、上肢的手臂、下肢的腿称为三部。三部中各有三节：身三节、手三节、腿三节。

身三节是头、躯干、腿。在身三节中，头是梢节，躯干是中节，腿是根节。

手三节是肩、肘、手。在手三节中，手是梢节，肘是中节，肩背是根节。

腿三节是胯、膝、脚。在腿三节中，脚是梢节，膝是中节，胯是根节。

这里的三个三节共九节，因分布在三个部位，所以称为三部九节。

身三节以腰为轴，用腰总领一身之关节，前弯后曲，左右旋转，上下盘旋，纵、横向开合，都以腰为轴，所以拳谱上要求"时时刻刻在腰中"。

手三节以肘为轴，用肘总领一臂之关节，手进出要受肘的管控，要松肩坠肘。例如，手向回撤时，手不可以先动，而应当用吸腰坐肘来带动手撤回来。

腿三节以膝为轴，用膝总领一腿之关节，脚要前进或后退，不能先动脚，而要由腰带膝再由膝带动脚。例如，前脚向回收的时候，应当坐腰收膝，使前腿的膝向后腿的膝靠，从而将脚带回来。

总之，腰为一身之总领，肘为一臂之总领，膝为一腿之总领。有了这三个总领，练拳健身和御敌防身才能"抱得紧，打得严"。此外，要能五弓齐备，五弓俱发，关键也全在这三个总领上。

第三节　三尖

三尖是指鼻尖、手尖、脚尖。

三尖要对正一条线，这条线就是两只脚的连线。鼻尖和手尖的俯视投影要落在两只脚连线和两只脚连线的延长线上，这样有两个好处：一是能够手不离中线，便于"守中用中"；二是起于根的劲不至于被分散掉，劲发得才整，才能有效地用于打击对手。所以要求"举手不丢三尖"。

第四节　三连

三连包括手肘相连、手腕相连、手手相连，是指左右两只手放置、接触的位置。

一只手放在另一条手臂的肘关节处，称手肘相连；一只手放在另一条手臂的腕关节处，称手腕相连；一只手靠着另一条手臂的手，称手手相连。做这三连的任何一连，其前面一只手的拳尖（中指的中节指骨与近节指骨的关节）都要跟人中或鼻尖一样高。

在平时练拳时，一般采用手肘相连。手肘相连时，使后面一只手的虎口置于另一条手臂肘关节突出来的骨头尖处（前臂尺骨的鹰嘴）。这样的拳架子既舒展、大气，也不失紧凑。

防身御敌的时候，则要求必须手腕相连，甚至手手相连。手腕相连是指一只手的中指指尖置于另一条手臂的内关处；手手相连指一只手的中指指尖置于另一只手的内劳处。

手腕相连和手手相连比手肘相连紧凑很多，既便于防守，也利于进攻。因为处于手肘相连时，置于另一条手臂肘关节处的手向前袭击对方时，在自己的防区内要先运行40厘米左右才能到达手腕相连和手手相连的位置，运行期间往往会丧失克敌制胜的良机。

笔者恩师杨起顺先生曾教导笔者："手肘相连打中盘，手手相连奔上路。"

第五节　三口

三口是指"三口发招"，即出手发招的位置，包括虎口、心口、嘴。

虎口发招主要是指出手要紧凑，要求在手腕相连或手手相连时，当前手一拨对方的手，后手即擦着前手的虎口打出去，不给对手留有变化的余地。

白猿通背拳无论是练习还是实战，预备势的两只手都要求守护在身前正中任脉这条线上，两个肘下坠，护着肋。由于运动时要用躯干带动四肢，它的各种招数基本上也都是"手不离中线"。不离中线的手，在袭击对手中下路时，多数从心口的高度出去；袭击对手中上路时，多数从嘴的高度出去。这两个口是对出手位置而言的。

第六节　三部

三部是指三部发劲，指肩背、腰、胯这三个部位发劲。

白猿通背拳发劲，要求从"根"上发出来。腿是一身之根，而胯是腿的根，肩背是手臂的根，腰是一身之总领。这三个部位发的劲，是白猿通背拳的三个主劲，以下分别介绍这三个主劲。

一

肩背发劲：

手出击时，强调必须要探背松肩，要"前胸空，后背绷"，"气贴背脊"，使劲从肩背发出去，绝不能仅是肘关节的伸屈运动。单手的如扣拳、中拳，双手的如横向开合的金鸡抖翎和纵向开合的狸猫扑鼠等，都要肩背发劲。

二

腰发劲：

腰位于人体的中部，有着承上启下总领全身的作用，腰劲是绝对重要的。俗话说，"胳膊拧不过大腿"，因为大腿比胳膊粗。而腰比大腿还要粗，当然也就更有劲。腰劲除了大和重要之外，方向也是最多的，变化也是最大的，它有前后弯曲、左右旋转，还有上下盘旋等。所以拳谱里讲："腰似蛇行腿似钻，出手自当有奇变。"如前后弯曲之一拳一掌时后丹田撞前丹田，狸猫扑鼠和双捋手时的以腰为轴，直立推山时用后丹田撞上丹田的"腰背相通"等，都得靠腰发挥作用。

胯发劲：

在前面"三节"里讲过，腿是整个身体的根，而胯是腿的根节，那么胯就是根中之根。所以腿由胯发劲，不仅逻辑上是通顺的，实践上也是最合适的。由于胯关节是人体最大的关节，该处骨头最粗，周围肌肉也最发达，力量自然也就很大，因此利用胯关节发劲很重要。

在行步时，要求松胯、送胯，这送胯就是将人体的重量用后腿的胯向前推送出去，以获得向前的冲击力。

定步时腿部发劲，利用脚的"昆仑踩气""涌泉踩气"或"昆仑提气"，同时配合送胯发劲。送胯的后腿斜撑着，具有三角支撑力。

可以做这样的练习：手不动，前脚脚跟向下踩并发劲。

在前面"三位"里讲过，肩背属于上丹田，腰属于中丹田，腿（胯）属于下丹田，所以肩背发劲称为上丹田发劲，腰发劲称为中丹田发劲，腿（胯）发劲则属于下丹田发劲。

当我们向前进稍加挺腹时，用后丹田撞前丹田，称为后丹田发劲；当我们后退稍加收腹时，用前丹田撞后丹田，称为前丹田发劲。

中国武术都有发整劲的要求，劲要发得整，白猿通背拳就要求"起于根，发于腰，通于背，达于梢"，并要求将上面讲的三部丹田的三个主劲同时都发到位。

进步和上步用前脚掌着地，则会有排山倒海之势，雷霆万钧之力。

第七节　三先

三先是指主动出手进攻时，为了调动对方，"引蛇出洞"进而歼之，开头的三种打法。常用的有引手、掸手和抓。习惯称为"引掸手当先"（防守反击为"搂刀手当先"）。

一

引手：

由手肘相连，以我右手（手心朝里）击敌头面部，对方一抬手我即以左手（或掌或拳）击敌中路。

二

掸手：

由手手相连或手腕相连，以我右手抽掸敌方头面部，对方一抬手我即以左手（或掌或拳）击敌中路。

三

抓：

由手手相连或手腕相连，以我右手向前抓敌脸，对方一抬手我即以左手（或掌或拳）击敌中路。

第八节 三进

三进是指身进、步进和手进。

在防身抗暴时，奋力进击是非常重要的，因为"一进三赢，一退三输"。白猿通背拳在防身抗暴进击对手时，三进有两点很重要：一是要同时、同步，二是要同向。

身体、步子和手要同时进去，同步进击，这样才容易奏效。拳谚云："手到脚到方为妙，手到脚不到，等于瞎胡闹。"这是同时，也称同步。

所谓同向，就是要将对手的身体重心置于我前后两只脚的连线上，或者两只脚连线的延长线上。即我进去时前面的那个脚落的地方要贴近对手，要到位。

三进以身进为主。不管是"追身欺桩"，还是"过人如过墙"，都是用身体贴近对手、撞击对手。

第九节 三欺

欺是指欺压、欺凌、欺负。三欺是指手欺、肘欺、腿欺（步子欺）。

一

手欺：

以我右手将对方右手腕或右前臂朝其胸腹部欺压，或以我左手将对方右肘朝其腹部欺压。

二

肘欺：

用肘将对方同侧手臂朝其躯体欺压，或似"进步靠身变"中进步靠身的动作，以我之肘于敌肩胛骨处欺之。

三

腿欺（步子欺）：

上步的脚一落地即应松沉下去。

若对方右脚在前，我上左步时，左脚内脚弓落于对方右脚跟处，以小腿向前冲撞对方小腿（抢步）。

若对方右脚在前，我上左步从对方的外侧进，左脚一要尽量踏在对方两只脚涌泉穴的连线上，二要尽量踏在靠近对方后面那只脚的地方，以便大腿的内上侧能撞击对方大腿的外下侧，撬动对方。

若对方右脚在前，我上右步从对方正面进时，我右脚也要尽量踏在对方两只脚脚心穴的连线上，以我膝头撞击对方大腿内侧，使其站立不住。

第十节　三变

变是指变化。三变是指阴阳变、上下翻滚变、左右旋转变。杨起顺先生常说"手快不如变得快"，变得快才能掌握主动权。

一

阴阳变：

以小转环为例，手手相连时，若对方以右手击我中路，我双手即顺时针转，以左前臂向右前下滚压对方右前臂，同时翻转的右手掌即直奔对方面门。

二

上下翻滚变：

若对方以右直拳击我上路的头面部，我以左前臂向上格架的同时，以右手击其中下部。

若对方以右直拳击我下路的腹部，我以左前臂向下截压的同时，以右手击其中上部。

三

左右旋转变：

若对方以直拳击我中路的胸部，我立肘以前臂向左右格挡的同时，以另一只手击其中上部。

第十一节　三断

断是指截断、破除、破解。三断就是断对方的手三节。对方防守和袭击时常用的是手上三节，所以白猿通背拳要求打手要断手，强调"打手不断手等于就没有"。

一

打手断门子：

拳谚说"手是两扇门"，打手就是为了破对方的门。

如用异侧手刀、压对方的手；如用同侧手搂、拍对方的手。

二

塞肘断腰：

用手塞：用同侧手掌心朝前下方将对方前臂近肘处向其腰肋处塞。

用肘塞：用同侧前臂从对方上臂近肘处向其腰肋处滚压。

三

打肩断根：

肩是手三节的根节，所以打肩就是从根上破它。

手打：

若对方用右手击我中上路，我即探背松肩以右手击其肩内侧；若对方用右手击我上路，我即以左手从其手臂下面直接击其肩内侧。

肘打：

若对方用右手击我中路，我右手拨挎或双手遮拦他手的同时，即用左横肘击其近肩处。

截招断手的方法很多，如正削、反削、崩砸、颠肘，以及支架遮拦和搂刀滚转等。

第十二节 三合

合，是合作、配合、协调的意思。三合分为内三合和外三合，俗称"六合"。

内三合是指心意、内气、胆量，简称心、气、胆。

（一）

古人以心代意，心就是思想，就是意识，就是思维，就是大脑。心意是总指挥，意之所向，就应该是目光之所投，肢体之所趋。

初学乍练时，要用心意指挥身体内部，认真按照要求去练；练得像样后，就要将心意转向外部，带着敌情观念去练，即"练时如有人"，要将每练一手都当作是跟暴徒搏斗，这样时间一长，才能达到防身抗暴时"用时如无人"的效果。

根据中医"心藏神"的理论，我们无论是平时锻炼还是抗暴自卫，都要提起精神，神气十足。"拳术之道上精神"，精神是否饱满是评价武者水平最重要的一条标准。

（二）

气主要指内气，根据中医理论，这种气遍布于我们的躯体，无处不在。从武术角度讲，它能蓄之于丹田，所以也叫丹田气。武术家所说的"内练一口气"，就是丹田气。丹田气不是一直沉之于丹田的，不能死水一潭，要为我所用，要在心意的指挥下，引领或摧动肢体做各种运动。这种锻炼方式，就是所谓的"练内功"。这种内功，既可用于强身健体，延年益寿；也可用于防身抗暴，增强打击效果。

这种气的运用并不神秘，人们在日常生活和其他运动项目中都在自觉或不自觉地运用着，只是没有人进行理论总结罢了。例如，我们在搬动较重的物体时，往往都会吸一口气；又如，举重运动员在提起杠铃时也会吸气，朝上举起时会向外呼气，这实际上就是"气与力合"。

（三）

胆是指胆量。《左传·曹刿论战》里有句名言："夫战，勇气也。"防身抗暴时与人对搏，靠的是勇敢精神，是高昂的斗志。狭路相逢勇者胜，从一定意义上讲，敢于面对现实，勇于拼搏比技术水平都重要得多。

胆量是一种心理素质，可以通过锻炼逐渐壮大。例如，我们在练单操手和操桩打袋时，一定要有敌情观念，心里要有一股狠劲，想象自己在跟暴徒搏斗，刻意练习胆量。

辩证思维壮胆量。遇事不要怕，对方也会有各种心理障碍甚至恐惧感。保持镇定、沉稳和威武，在气势上占上风，甚至能收到"不战而屈人之兵"的效果。

顽强拼搏增胆量。遇到非出手不可时，就要拿出鱼死网破的拼命精神，迫使对方心寒胆战。心理上赢了，才能取得对抗性胜利。

外三合是指手法、步法、眼神，简称手、步、眼。

第四章 白猿通背拳的十二秘诀

（一）

手主要讲手法。老前辈讲："拳有千变都在手上变。"但不管怎么变，最要紧的是必须牢记两条，一是手不离中线，从"三口"出去；二是手收回来的时候，朝怀里带，朝怀里收。

（二）

步是指步法。拳谚云："教拳不教步，教步打师傅。"可见步法之重要。步法除了既要轻灵，又要沉稳外，防身自卫时关键是要落对地方。所以，老前辈又将步法称为"步眼"。近身时好的步法要掌握两条：一是将对方的重心置于自己两只脚的连线上，或者两只脚连线的延长线上，以减少发力的分力；二是自己进身的脚要尽量踩在对方两只脚连线上，并且踏向对方后脚越近越好，做到"追身欺桩"。

（三）

眼主要指眼神。艺术大师达·芬奇说："眼睛是心灵的窗户"，它既能收集外部信息，也能表达人的心意。心意朝哪里想，目光就投向那里。我们在练和用时就要这样。

在与歹徒相搏时，我们更要两眼炯炯有神，紧紧盯住对方，充分利用眼神的威力紧盯住对方，给他造成心理压力，使他胆战心惊。

内三合是无形的，外三合是有形的。内三合是主导，外三合是协从。因此，要用内三合带动外三合，要"意动气行形随"，要"上下相随，内外合一"。

第五章　白猿通背拳的四大要素

第一节　心意

意是指心意、意念、心理活动。

练意，就是对神经系统的高级部位——大脑皮层功能的锻炼。对心意的锻炼，是本门较为关键、核心的内容之一。"全凭心意练功夫"，是练白猿通背拳的首要法则。

按照意念专注的地方不同，将心意分为内意和外意。

内意：

关注身体内部环境的意，称为内意。内意的练法主要包括以下两种：

其一，为强身健体，应着意于"呼吸吐纳"，"吸化开合"，"心引气走，意引血行"。

其二，为防身抗暴，一定要"意动气行形随"。在学习一个新动作时，始终都要按要求做到松开来，沉下去，立身中正，用躯干带动四肢；当某个动作做得还不到位时，则应根据师父的要求，将意念专注于某个主要部位。

二

外意：

关注身体外部环境的意，称为外意。外意的练法主要包括以下四种：

其一，为了提高突然出手的命中率，发好冷劲，加快速度，就要"意到神至，神至手到"。

其二，为了使劲打得长，打出穿透力，意念必须要放得远，要有摧毁目光所能见到的远方物体的意志和心力，即"意远劲长"。

三是为了增加打击力量，提高打击效果，在心向一处想的瞬间，必须力朝一处使，集全身之力发整劲。

四是为了"用时如无人"，在练单操手和操桩打袋时，都必须要做到"练时如有人"，像实战似的，意之所向，即为目光之所投，肢体之所趋。

第二节 丹田气

我国古代哲学认为，世界上一切事物都是由气构成的，世界上的各种变化也是气的作用。古代医家将气引用于医学，用气来解释人的生命现象，认为气是构成人体和维持人体生命活动的基本物质。例如，《庄子·知北游》中提道："人之生，气之聚也"；又如《论衡·论死》中提道："气之生人，犹水之为冰也，水凝为冰，气凝为人。"

中医学将禀受于父母之精气称为"先天之气"，也称为"真气"或"原气"；将出生之后获得的水谷之精气和自然之清气，称为"后天之气"。先天之气和后天之气通过相关脏腑的作用，化生为人体之气，所以《灵枢·刺节真邪》中提道："真气者，所受于天，与谷气并而充身者也。"

气既是构成人体的基本物质，又是维持人体生命活动的基本物质。气还是活力很强的不断运动的精微物质，它流行于全身，对人体各组织生理活动起着激发和推动作用。

《内经》将气的运动概括为升、降、出、入四种基本形式。但是，我们通常不去注意的话感受不到气在运动。从健身和防身来说，我们就是要将这种客观存在却感觉不到的人体之气感觉到，并且有意识地加以利用。

要利用气，先要感觉到气，应做到以下三点。

（一）

肢体放松是产生气感的基本条件。

白猿通背拳练功要求全身"松开来，沉下去"，尤其要放松胯和脊椎关节，将臀部向前送，提裆垂闾，使"S"形的脊柱变成"C"形，让维系于腹腔后壁脊柱的五脏六腑有随之下沉到小腹部丹田的感觉。

从人体是气构成的这个概念出发，五脏六腑自然也是气构成的，那么这种五脏六腑沉到小腹部丹田的感觉，我们就称为"气沉丹田"。

"气沉丹田"后下面提裆垂闾，搭阳桥；上面舌尖轻轻接触上牙龈，搭阴桥。使身体的前后两片合而为一，形成一个整体。

前辈练功家说："形体愈松，血液循环愈畅，气力增长愈快。如用力则身心发紧，全身失灵，甚至有血气阻塞之弊。"可见，肢体放松才能为内气运行创造良好的内部环境。

（二）

采用腹式呼吸是较快产生气感的有效方法。

练气之初，宜从练肺气（呼吸气）入手。呼吸的方法有多种，但采用逆向腹式呼吸法较好，即吸气时，横膈膜慢慢上升，小腹随之慢慢地向里收缩；随后呼气时，横膈膜慢慢下降，同时小腹部慢慢向外隆起。

腹式呼吸基本训练方法：自然站立，两脚分开与肩同宽，略屈膝下沉，全身放松；两手置于身前，掌心相对，像抱着一个小足球。吸气时扩胸，两手随着胸廓被身体带动着向两侧移动，同时，两手手指指腹逐渐向掌心聚拢，小腹向里收；继而呼气，胸廓逐渐复原，两手手指逐渐张开，还是被身体带动着相向而行，两只手的内劳宫好像相互吸引着逐渐靠拢，但不碰到，仍然像抱着一个小足球，小腹向外隆起。

注意上列动作要缓慢。掌握动作后，吸气时身体随之上升，呼气时复原。根据自己的情况，放松地进行重复练习，时日稍长，手指会有充盈感，手心会发热，但不可刻意追求这种感觉。

（三）

心无旁骛，用意念诱导呼吸是体会到气感的关键。

练气要"心引气走"。初练时，以小腹部（丹田）动为好。吸气时可以不必在意；呼气时要随着腰椎关节放松，用意识诱导气向小腹部下沉，进行腹式呼吸。这种呼吸和意识的配合，即"意气相合"，练久了会有一种"气样"的感觉，会产生一种内动现象。腹式呼吸时，横隔膜上下运动，使腹腔里的内脏也随之上下波动，给人一种腹随气动之感，从而慢慢产生"气贯丹田"与"气沉丹田"的感觉。

丹田气是从不能感知到逐渐感知，从不明显到明显的一个感知过程。练习初期，小腹是动不起来的，经过一段时间的锻炼，随着意念的诱导与气息的出入，小腹就会慢慢动起来。由此，再逐渐带动整个体腔里的五脏六腑乃至全身动。当我们愈感到腹中充实，气沉丹田之感就愈明显。这时的气感已经不全是呼吸的"后天之气"和人体内的"先天之气"了。从武术角度讲，因为它是集聚于丹田（小腹）的气，所以被称作丹田气。武术家所追求的"内练一口气"，指的就是丹田气。

利用丹田气其实并不神秘，人们在日常生活和劳动中都在自觉或不自觉地使用。白猿通背拳对丹田气的运用虽然要复杂一些，但基本道理是一样的。沉于丹田的气，不是静止不动的，是要为我所用的，通过"内引外导"，用丹田气带动或推动肢体运动，这既有利于提高速度，又有利于增大力量，增加打击强度。武术家之所以追求丹田气，其目的正在于此。

"内引"中的"内"，一是指意念，二是指呼吸；"外导"中的"外"，是指形体的动作。在意念的引领和呼吸气的推动下，使沉于丹田的丹田气起到像汽车发动机似的作用，带动或推动肢体做各种"升降开合""吞吐沉浮"的运动。随着练习时间变长，动作协调，就能逐渐做到"活于腰，通三焦"，"气动神移贯四梢"。

练好丹田气，对健身和防身都很重要，因为气是提神的关键，有充实肌体、提高速度、增加力量、增强肌体硬度、促使内外相合的作用。

（一）

丹田气有利于强身健体。

"气沉丹田"静态时，使身体有一种沉坠感，和大地有一种亲和力、贴近感，这是历代养生家要求引气下行、息息归根、充实下元的重要方法。这有利于预防人到老年时出现血压增高、头重脚轻、步行不稳等"上盛下虚"的症状。

练内功的关键在于充实下元，下元充实，才能上虚下实。"上虚"可使上体虚灵，头脑清醒，耳聪目明；"下实"可使内气充盈，精力充沛，步履稳健。

"气沉丹田"动态时，缓慢地进行"内引外导"，做到"内合外顺"，使气血和顺，经络通畅，人体自然会觉得神清气爽。若着意于身体患处，使能量聚集该处，能形成"气攻病灶"，起到治愈某些疾患的作用。

（二）

丹田气有利于防身抗暴。

丹田气是白猿通背拳的动力源，运用于技击术，能极大地提高防身抗暴的能力。

一是能身灵步活，有利于得机得势。

操控丹田气在身体里随意、自由地活动，如白猿通背拳的内功练的"传四意"和"葫芦气"等，有利于"气行百孔"，做到"一动俱动"，使身法变得"腰似蛇行"。"腰似蛇行"的身法，能使人体的重心不断地进行调整和转移，有利于做到"忽远忽近，忽大忽小，忽曲忽直，忽进忽退"这"八忽"，让对手陷入捉摸不定的困境。这样的身灵步活，快速敏捷，进攻能进得去，避让能避得开，有利于得机得势。

二是能加大速度和力量。

在日久功深后，逐渐加快"内引外导"的速度，做到"气自丹田吐"，便能为防身抗暴需要的周身一家、发整劲提供动力支撑。

丹田气在心意的指挥和呼吸气的配合下，可以在腹腔里随意摆荡、翻腾。它在带动或推动各种肢体运动时，能无缝衔接，融为一体。能根据需要，呼之即来，挥之即去。例如，挑山接着劈山这一招，在做挑山动作时，要运用好丹田气，在送胯、长腰、抬头挺胸的同时，将手臂向上冲撞而挑之；在做劈山动作时，挑山时上冲的丹田气要回归丹田，在向下坐腰、屈膝、空胸的同时，将手臂向下而劈之。

丹田气用于拳术运动和防身抗暴，主要有摆荡和激荡两种基本形式。

（一）

摆荡是指丹田气沉于丹田所做的运动形式，包括前后摆荡、左右摆荡、原地旋转摆荡、移动旋转摆荡。

前后摆荡是指丹田气摆荡的轨迹跟前后两只脚的连线平行。我们打"一拳一掌"前进或后退时，以腰胯为连接进行的丹田气前后摆荡，带动腿部做进步或退步动作。前进时配以后丹田撞前丹田，后退时配以前丹田撞后丹田，也可以将其理解为前进时略做挺腹状，后退时略做收腹状。我们在前进、后退时，还可理解为像虾那样一弯一直、一伸一屈，充分利用腰胯的作用。

左右摆荡是指侧向摆荡。当我们打"错步颠肘"或"闪步贯耳"，向左右侧移动时，借助丹田气的侧向摆荡，使腰胯带动腿做侧向运动。

原地旋转摆荡是指在原地进行顺时针或逆时针旋转摆荡，就像磨盘或车轮在原地旋转。我们在打"磨身摔捶"或"正反贯耳"（正贯耳类似拳击的摆拳）时，调动丹田气左旋右转，能极大地提高这两招连续出击的频率。

移动旋转摆荡是指丹田气基本沿着水平面旋转摆荡。我们打单操手抽招换式时，过渡动作往往要走闪展步，这时运用丹田气水平旋转摆荡带动腰胯运动，会使闪展步做得飘逸灵动而又沉稳凝重。

（二）

激荡是指丹田气跃出丹田所做的运动形式，包括直冲云天式的垂直激荡、陨石坠地式的千金坠地、惊涛拍岸式的"撞回头"、抖空竹式的左右斜上激荡、螺旋式上升或下降激荡。

直冲云天式的垂直激荡，指沉于丹田的气垂直激荡，突然间冲天而起。例如，在用前臂向上挑或向上架时，就要调动丹田气向上冲,同时配以送胯、长腰、抬头、挺胸,会有气冲霄汉之势,激发出直冲云天的千钧之力。又如,在做"横向开合"的"开"时,也要使丹田气向上冲,约冲到鸠尾即呈"T"形或"Y"形的分叉处后,再分别向左右斜上方冲,抬头扩胸,带动两条前臂向左右两侧分裂。

陨石坠地式的千斤坠地,指升腾在上的丹田气,在回归丹田时,要像陨石坠地似的瞬间沉降。例如,在用前臂向下劈或向下压时,丹田气向下沉,同时配以坐腰、含胸、弯腿,降低身体重心,充分利用自己身体重量这个现有资源,才能做到拳谱上要求的"重似砣坠"。例如,在做"横向开合"的"合"时,丹田气则要像"T"形或"Y"形,从左右斜上方向下向鸠尾处聚拢后即下沉至丹田,同时配以坐腰、弯腿和"前胸空,后背绷",从而带动两条前臂由左右两侧向身前合拢。

惊涛拍岸式的"撞回头",指沉于丹田的气垂直激荡,冲天而起,升至锁骨处即用后丹田撞上丹田,"前胸空,后背绷",呈倒写的英文字母"L"形,由下向上后直奔双手而去,像直立推山;若呈倒写的英文字母"J"形,则像狸猫扑鼠或红脸照镜。

抖空竹式的左右斜上激荡,指沉于丹田的气向左斜上或向右斜上冲击,用于单手向侧上支、架或打甩掌、斜上掸手。

螺旋式上升或下降激荡,指在做遮拦手和缠拦横等招数时,腰部上下盘旋,丹田气的运行轨迹均为螺旋式升降。

(三)

为了避开对手攻击,需要像刺猬似的收缩成一团;当有机会能袭击对手时,则瞬间即膨胀开来,如磨身摔捶。

综上所述,要坚持"意动气行形随"的运动法则。

丹田气是白猿通背拳的一项核心技术:用于健身,可以身强力壮;用于防身,能够克敌制胜;用于套路演练,则更能突出白猿通背拳特有的韵味。

第三节 速度

速度是一个描述物体位置变化快慢和方向的物理量。这个概念也同样适用于白猿通背拳。以用拳击打对手头部为例,拳的击打速度V,就是拳未击出时的位置到对手头部之间的距离S与拳所运行的时间t的比值。它们的关系式是:

$$V=\frac{S}{t}$$

"兵贵神速",以防身抗暴为主要锻炼目的的白猿通背拳,若不"神速",防守就守不住,进攻也不可能奏效,所以速度越快越好。武术界有"唯快不破"或"唯快无解"一说。

从上面的关系式来看,防身抗暴时提高击打速度,可以从两个方面努力:一方面当距离S为定值时,设法减少拳到击打部位的运行时间t;另一方面,动作速度是因人而异的,而且提高到一定程度后,想稍做提高也是十分困难的,因此要设法缩短距离S,也就能相应地减少到达击打部位的运行时间t。

白猿通背拳对速度的形象要求包括"急如猫扑鼠,快似箭离弓"、"周身如电,运转如飞"、"动似脱兔"、"拳似流星眼似电"和"二手穿连似星串"等,总之,就是要快。本节主要从运行速度、反应速度、技术速度三方面探讨白猿通背拳中提高速度的措施。

一

"神到手到"的运行速度。

白猿通背拳对提高运行速度的指导理论是：要"精神意念足"，要"神到手到"。

中医学认为，神是人身三宝之一，它是整个人体生命及其活动的外在表现。白猿通背拳防身抗暴时，形象地要求"神似捕鼠之猫"。中医学里"脑为元神之府"的论述，与西医学中"人的精神思维活动在大脑"的观点是相通的。从现代运动学的观点来讲，人体运动是在神经系统，特别是在大脑皮层的指挥和调节下，各器官系统协调配合，由运动系统的骨骼和肌肉来完成的。现代医学认为，肌肉收缩的速度取决于大脑的反应速度，是大脑发出的信息到达神经末梢，进而刺激肌肉收缩的。所以，对于防身抗暴时的动作速度，白猿通背拳要求的"神到手到"，与现代医学和运动学理论是一致的。

二

"迎敌机以破之"的反应速度。

反应速度非常重要，见势早，才能得机先，及时做出反应，掌握主动权，才能做到拳谱上要求的"迎敌机以破之，斯为得法"。

提高反应速度的基本做法主要有以下两条：

一是遇事要立马提起精神，"精神能提得起则无滞重之虞"。快速扫描周围环境，了解可利用的地形和工具，留意是否有对方同伙从身后或侧面靠近自己，进入临战状态。

二是全神贯注，观颜察色，看对方"四意"。白猿通背拳提高反应速度的具体方法是看"四意"，即看对手的左右肩和胯。月晕而风，础润而雨，任何事情的发生都是有预兆的。根据实践经验，手动肩必然先动，腿动胯肯定先动。因此拳谱上说："看肩不看手，看手便没有"，要求"迎其机以破之，斯为得法，若等彼拳已出，随后追之，必不及矣"。见微而知著、防患于未然的技击原则，就是要捕捉预兆，尽快做出反应，"迎敌机以破之"，堵住对手打，做到"后发而先至"。平时可经常对着镜子练，观察了解、体验掌握自己的手在做各种举动时肩动的规律。

用"看四意"的"看"观察到的敌情，和靠"听"感知到的敌情，花费的时间是不相同的："看"到的敌情是光速传入眼睛，进而传至与之毗邻的大脑的；"听"是靠手和手臂的触觉，是靠神经传至大脑的。所以，"看四意"有利于提高反应速度，提高灵敏度，更快，更科学。

三

"走弓弦，不走弓背"的技术速度。

杨起顺先生经常强调，出手一定要"走弓弦，不走弓背"，就是要抄近路，走捷径。因为弓弦短、弓背长，这是符合几何学原理的——两点之间线段最短。扩展来讲，就是采用缩短击打距离，以减少击打部位运行时间，从技术上提高速度。这是个技术含量相当高的问题，值得深入探讨。笔者在这里试举几例，抛砖引玉，希望能引起各位同好研究的兴趣。

（一）

做好实战预备势。拳谚云："手是两扇门"，因此抱门子很重要，要"紧闭门户防野狗"。要"抱得紧"，无论步子如何移动、变换，防身抗暴时，都要坚持"手手相连"或"手腕相连"，"肘不离肋"和"手不离中线"；坚持以"三尖"对着对手，保持"三前"与对手成最短距离。这样既便于"守中"，也便于"用中"。

凡遇事或遇有争执时，双手一定要拿起来，置于胸前，千万不可垂着，以防对方突然袭击；同时要沉着，双膝微屈，成腾挪之势，以利动步。

（二）

坚持做到"三连"。白猿通背拳中的"三连"是指"手手相连，手腕相连，手肘相连"。抱门子时，白猿通背拳将位于前面的一只手称为"招"，将后面的一只手叫作"手"，要求"手看着招，招看着手"，做到"手招相合"。例如，后面的手贴在前面手的腕部，这是一个比较常用的"手腕相连"的实战预备势，当我前手刀、挎对手的一瞬间，后手即应擦着前手的虎口打向对手。像这个三口发招中的虎口发招的动作，我的后手在我的防守范围内运行的路线最短，离对手也相对近。

这实际上也是个攻防合一的问题。对于对手的进攻，消极避让固然不好，先格挡或截压，然后还击，分两拍打也不好，而应当在格挡或截压的同时即进攻对手，打一拍，才有"出手不见手，拳打人不知"之妙。白猿通背拳的绝大多数技法，基本都是这样的，如当对手以右手向我中路进攻时，我便用右前臂边压着对手前臂边内旋着进击对手中路，充分体现了"打即是顾，顾即是打"的技击要领。这显然要比先将对方手向下压，再起手还击，少走一段路，更节省时间。

（三）

抄近路，走捷径。老前辈称为"走弓弦，不走弓背"。以贯耳这个动作为例，一般人打法摆幅都比较大，拳走的弧线较长，这是不经济的。白猿通背拳的打法是通过拧腰转胯，探背松肩，特别是旋腕，使拳由直线出去打横劲，这样拳运行的距离就短得多了。在一个人的速度为定值的情况下，距离越短，所需的时间就越少，击打到对手也就越快。

（四）

弃远图近，要打对手靠自己最近的部位。例如，当我以右手朝对手面门发一个掸手时，若对手向后仰脸避让，此时他的胸腹部靠我最近，我即可用左手击其胸腹部，这是前辈拳家所说的"上晃下打"的战术。

（五）

追身欺桩。充分利用步法贴上去打，以缩短上肢等部位与对手的距离，即"手不够步子凑"。步子对上肢的手、肘、肩等有输送和催动作用。拳经云："必要手足身势一同而去，勿许先后。"拳谚也说："手到脚到方为妙，手到脚不到，等于瞎胡闹。"尤为重要的是要"追身欺桩"，紧逼快攻。

（六）

手不空回。拳谚云："拳有千变，全在手上变。"出手进招不可频频做简单的往复运动，应当在对手面前贴着他就势做各种忽左忽右、忽上忽下的动作变化，才能"应敌变化现神奇"。根据经验，"手快不如变化快"，因此动作一定要有变化。

白猿通背拳所要求的"腰如蛇行腿似钻，出手自当有奇变"，就是要避免走徒劳往返的冤枉路，缩短运行距离，提高运动速度。

白猿通背拳训练速度，除了以上方法之外，也会使用一些辅助器具进行练习，一是掼铁砂袋，利用负重训练的后效作用；二是打不倒翁式的八宝桩，提高反应速度和灵敏度。

第四节　劲力

按《辞海》的诠释，"劲是指力气，坚强有力称为劲"。可见劲与力是相通的。武术界所讲的劲，本质上就是力。

白猿通背拳的劲，关键讲两点：一是发劲要大，大到"无坚不摧"；二是用劲要巧，巧到能"四两拨千斤"。

要想发劲大，要做到振奋精神、发整劲、"冷脆快硬"。

（一）

发劲首先要振奋精神，斗志昂扬，全力以赴地搏击。人在危急关头迸发出的力量会大得超乎想象。唐代诗人卢纶的

第五章　白猿通背拳的四大要素

《塞下曲·其二》可以证明这一点。诗曰："林暗草惊风，将军夜引弓；平明寻白羽，没在石棱中。"该诗描写的是汉将李广射石的典故：在一次夜晚打猎时，李广误将石头当猛虎，弯弓搭箭奋力一射，竟将箭射进石头里。后来当他知道这是一块石头，再用箭射时，却射不进去了。因此，白猿通背拳要求与人较技时不得掉以轻心，"将猫当虎看"，调动体内一切积极因素，激发内在的各项潜在能量，去奋力拼搏。

（二）

劲要发得大、发得整，技术上要牢记一句话：心往一处想，劲朝一处使，要"起于根，发于腰，通于背，达于梢"，上、中、下三部丹田同时发到位，做到"两个合一"和"三个不软"。

"两个合一"是指人体体腔的前面和后面要合而为一，形成一个整体。为了做到这一点，上面要舌尖触及上牙龈，搭阴桥；下面要提裆垂闾，搭阳桥。

"三个不软"是指上面肘不软、中间腰不软、下面膝不软，使人体在发劲的瞬间，上、中、下形成一个整体。

其一，上丹田发劲靠肩背，探背松肩，达到"前胸空，后背绷"，或调肩换背、横向开合等。

手向前运行时，要向前握紧拳头，或伸直手指，又或一把抓，以防"软肘"，但肩头不可上耸；手向后撤时，在吸腰坐肘的同时，手指要弯一下，以手指领劲，这样既快又有劲。

其二，中丹田发劲，以腰椎为轴，前弯后曲，又或左右旋转，或上下盘旋等。

为了不"软腰"，使腰腹部坚挺有力，中丹田在发劲时，要骤然间进行极其短促的呼气,使体腔瞬间像充足了气的汽车轮胎一样坚挺起来。

其三,下丹田发劲,主要靠后腿的胯向前送,带动身体向前,因此后腿不能"软膝"。

胯关节是人体最大的关节,其周围的肌肉最发达,也最坚强有力。胯关节发力是人体重要的动力源,若没有胯关节发力,只有人体重量的惯性力,甚至只有腰发力、背发力、手臂发力,是远远不够的。

不管朝哪个方向打,都要坚持朝该方向送胯。送胯要送到"提裆垂闾",才能做到膝不软。同时,送胯要发冷劲,要突然。

(三)

出手、发劲要能起作用,必须打得"冷脆快硬"。

"冷"就是冷不防,就是突然,丝毫没有预兆,没有预动,手在哪里就从哪里直奔目标而去,打对手一激灵,以迅雷不及掩耳之势,使对手措手不及。

"脆"就是干脆、利索。

"快"就是速度快。在动力学公式 $F = ma$ 里,当质量 m 为定值时,加速度 a 的大小会直接影响力 F 的大小,所以提高加速度,可以达到增加击打力量的目的。

"硬"就是力量大,无坚不摧。在防身抗暴时,要求充分用好、用足自己的体重,让身体各个部位最大限度地投入,尽量增大上式中的 m 值。以"狸猫扑鼠"为例,在做这个动作时,若只动双臂去扑,双臂产生的力量较小;若以腰背发劲,用躯干带动双臂一起扑出去,躯干和双臂会产生

第五章　白猿通背拳的四大要素

合力；若后腿的胯向前送，按白猿通背拳的发劲要求，做到"起于根，发于腰，通于背，达于梢"，做到整体发劲，那么这一下扑出的力即整体发的劲比身体局部发的劲要大很多。

白猿通背拳所讲的"松沉劲"，就是要"松开来，沉下去"，坚持"用躯干带动四肢"，调动全身的力量。

出手发劲始终要保持"立身中正"，重心稳定，不可为了够得着、打得到对手而使身体过分前倾。拳谚云，"手不够，步子凑"，让腿发挥支撑和移动作用。我们的肢体既要相互配合，又要有所分工，各负其责。

白猿通背拳有很多利用前臂进攻和防御的动作，就像用拳头进攻时，需要握紧拳头，增加拳头硬度，以提高打击效果和防止手会受伤一样，也要提高前臂硬度。提高前臂硬度和抗击打能力，除了用砂棒和小棒子等方法进行操练外，也常利用握紧拳头的方式瞬间提高前臂硬度和抗击打能力。握紧拳头会使前臂肌肉弹性变好，硬度提高，攻击强度和抗击打能力自然也都会提高，自身的疼痛感也会降低。如果利用前臂攻击或防御时，肌肉松弛，则容易伤及手骨。

总之，必须在拼搏精神的统领下发整劲，发的劲才会大：首先，胯关节要用力地向打击的方向冲去——"起于根"；中间的腰带动上身朝打击的方向撞去，做到"腰背相通"——"发于腰"；上面的肩背推动手臂击向目标——"通于背"；在"背背相通"和"背臂相通"，或者"背脊相通"和"背臂相通"的情况下，一握拳或一挺指，又或一把抓——使由于送胯而从地面产生的反作用力"达于梢"。这才算做到了"起于根，发于腰，通于背，达于梢"，"一动俱动"，发整劲。

白猿通背拳发劲，一要想发即发，不可有预兆，不能先慢慢蓄劲,然后再发劲;二要能连续发,前一个动作发劲的同时,要为下一个动作蓄劲……如此循环进行;三要能在行进中发劲,不能等立定了、站稳了才发劲。只有做到以上三点才实用,才符合实战需要,才有助于防身抗暴。

二

用劲巧包括三个方面:一是有效利用发的劲;二是发小劲收获大效果;三是用巧劲化解对方大力道。

(一)

减少无用功,提高发力的利用率。

在理论力学中,用力 F 使物体沿某段路程 S 移动,就是做了功。如果作用力 F 的方向跟物体移动的距离 S 完全一致,功 W 就是力与距离的乘积:W = FS;如果作用力 F 跟物体移动的路程 S 的方向不完全一致,存在夹角 α,那么这时作用在该物体上的作用力就要乘上这个角的余弦,即 W = FS cos α。

根据三角函数,在 0°~90°,夹角 α 越大,余弦值越小,功越小;夹角 α 越小,余弦值越大,功越大。当 α 为 0°时,则 cos α = 1,这是做功的最佳状态。因此,白猿通背拳在推击或撞击对手时,不仅自身要做到"三尖对正一条线",还要使对手的重心在自己两只脚的连线上或者延长线上,从而减少力量损失,更有效地保证发力效果。

(二)

运用杠杆原理,找准发劲支点,可以使发劲做到"低投入高产出"。

第五章　白猿通背拳的四大要素

古希腊科学家阿基米德说："假如给我一个支点，我就能推动地球。"阿基米德证明的重量比等于距离反比的杠杆定律，为我们花小力气取得大效果提供了科学依据。"小小秤砣压千斤"的木杆秤和磅秤，摔跤"绊子"的"背包"，以及白猿通背拳的"抹眉横"等，都是运用杠杆定律，花小力气却有大效果的典型案例。当然，小小牧童能随意牵走水牛这个庞然大物，牵的是牛鼻子，所以运用杠杆原理的关键，是要掌握好支点和力点的位置。

根据杠杆定律，当 F_1 与 L_1 成垂直关系时，$F_1L_1=F_2L_2$。在上式中，设 F_1 为定值，那么 L_2 越大，F_2 就越小。从这一点出发，当用枪上挑或用棍横拨时，为了取得更好的发劲效果就必定要增大前后把(手)的间距。当用"背包"摔对手时，就应当降低自身的重心，以自己臀部为支点，顶住对手小腹的下部，摔起来会更省力。

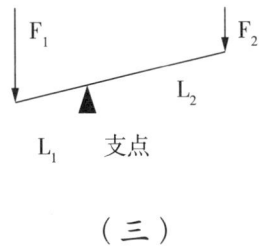

（三）

"遇阻力而不进"，"避实击虚"和"借力打人"。这些用巧劲化解对手攻击的技术要求，是白猿通背拳在防身抗暴时为保证自身安全设计的保险措施，也是为娇小文弱之人对付凶猛悍夫提供的取胜要诀。

"遇阻力而不进"就是不要与对方顶牛，不发与对方来劲的方向完全相反的劲，做到"直的来横的去，横的来直的去"。

根据理论力学中力的平衡定律和力的合成法则,设 F_1 为对方朝我击来的劲的大小和方向,F_2 为我击向对方的劲的大小和方向,如果我同时朝对方发力的方向打,在 $F_1 = F_2$(大小相等)时,则处于平衡状态,相互抵消。

如果我避其锋芒朝对方横击,即使我横击的劲 F_2 比对方击出的劲 F_1 小,但对方所受到打击的合力 R 会比 F_1 和 F_2 都大,因为在直角三角形中斜边大于任何一条直角边。

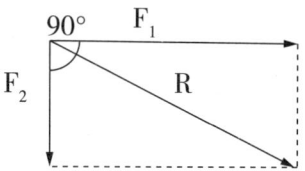

"避实击虚"是"遇阻力而不进"的更具体的方法。只要对方向我进击,就会露出空隙,产生明显的虚实。若对方以右拳向前击我上部时,是右实左虚,我可及时向左转体,在避开对方右拳攻击的同时,出右手侧身向前击对方。若击的是对方左肩,这就是白猿通背拳技法里所谓"打人轮角"的方法。这一击可使对方旋转而失去平衡。

"借劲打人"是"避实击虚"的进一步要求。例如,对手以右拳向前击我胸腹部,我可及时向右转体,以避开对手打击,同时将对手向他击我的主力方向捋带,来个"顺手牵羊"。此时对手若用力向后退缩,我可及时向左转体,将对手朝他后退的主力方向打去,来个"顺水推舟"。这是借人之力为我所用,顺着来力的方向及时加力,从合力上提高打击效果的方法。

理论力学认为:如果有两个力作用在一点上,互相形成一个角度的话,那么它们的合力的大小和方向,可以按这两个力的矢量所作的平行四边形的对角线来表示。

设 F_1 是对手手臂向前发出的力和它的方向,F_2 是我顺着对手来力的方向作用于对方的斜力,R 即为对方所受到的合力的大小和方向。

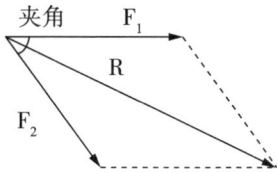

根据力的合成原理,"两个分力大小不变,两分力间的夹角越小,它的合力越大;夹角越大,合力就越小"。由此,要想获得较大的合力,提高打击效果,我们应尽量顺着对手来力的方向及时加力,并减小两个分力的夹角。

发劲大和用劲巧,对一个技术全面的武术家来讲,是应当同时具备的。只讲发劲大,必然偏刚,易为人制;专讲用劲巧,必定偏柔,易制于人。能刚能柔,时刚时柔,忽刚忽柔,刚中有柔,柔中寓刚,刚柔相济,才是白猿通背拳劲力的全面、完整的功夫。

如果既能发劲大,又会用劲巧,同时具有足够的理论自信和获胜信心,会大幅提高防身抗暴的能力。

第六章　白猿通背拳的两项原则

第一节　练为了战

本门拳谱开卷第一篇《通背猿拳术之要论》，开宗明义的第一句话就是"拳法一人敌也，兵法万人敌也，重于此者熟读孙吴"。这表明，嫡传白猿通背拳是一种御敌防身、抗暴自卫的拳术。

练嫡传白猿通背拳，是为了防身抗暴，为了能实战，不能摆花架子。此外，只要按照防身抗暴的要求练，自然就能取得强身健体的效果。所以，嫡传白猿通背拳的所有锻炼要求，都是为防身抗暴设定的，不是为了表演，为了哗众取宠，取悦于人。因此，日常训练就要带着敌情观念练，坚持"练时如有人"，做到"意动气行形随"，时刻准备防身抗暴。训练要求如下：

架势要求：从松开来，沉下去，立身中正开始；运动时要在意念的引领下，用躯干带动四肢，逐渐做到上下相随、内外相合，最后达到周身一家、浑身是拳的境界。在整体配合上，要求"三尖对正一条线"，"上下相随，内外合一"，"散则成风弥六合，聚则成形神贯通"，"静如处子，动似脱兔"。

头部要求："头顶项领"，"势在顶玄"。

躯干部要求："立身中正"，"吸胸沉气，探背松肩"，"提裆垂闾"，"前胸空，后背绷"，"肩如扶担，琵琶骨活如扇"。

手臂部要求："手不离胸，肘不离肋"，"手似镰，腕要黏"，"二手穿连似星串"，"拳由口内发，撤回归肋下"。

腿部要求："掩裆合膝"，"四六步多操练，中正不偏，随步擦拉永不换"。一动胯就要主动送，使腰胯成为人体运动的驱动器。

出手时要求："出手要冷，行气要醒"，"拳似流星眼似电，腰似蛇行腿似钻，出手自当有奇变"。

做动作时要求："轻如丝卷，重若砣坠"，"动似脱兔"，"急如猫扑鼠，快似箭离弓"，"时时刻刻记腰中"；还要求"忽远忽近，忽大忽小，忽曲忽直，忽进忽退"，"周身如电，运转如飞，有时如大鹏展翅，有时如猿猴入洞，灵活灵动"。

发劲时要求：发劲要整，要"起于根，发于腰，通于背，达于梢"。

第二节　能拼才会赢

防身抗暴跟在擂台上搏击的体育竞技是完全不同的两码事，它不受既定的比赛规则限制，"兵者，诡道也"。因此，防身抗暴时，特别讲究的是泰山崩于前而不惊的英雄虎胆，顽强战斗的拼搏精神和"抱得紧打得严"的技术要领。

一

防身原则如下：

其一，全身放松，摆好实战基本架势，两手始终要抱着门子，与鼻尖同高，做到手手相连或手腕相连。不管处于优势还是劣势，基本架势始终不能变，两手绝不能离开中线，更不可垂着。

其二，"夫战，勇气也"。胆子一定要大，要有大无畏的英雄气概。你不要光想着怕对手，其实对手也怕你，只有不怕对手，敢打敢拼，才更有可能占上风。所谓"狭路相逢勇者胜"，要在战略上藐视对方，在战术上重视对方，要"拿猫当虎看"。

其三，人一定要高度兴奋，要有激情，"意若惊蛇"，进入临战状态。全身要呈"腾挪"之势，即身体要处于一种一触即发的预动状态，随时随地可以出击。

其四，要提起全副精神，应敌之时要有一股如烈火烧身，似野马奔腾的野性。

其五，出手要果断，不能犹豫。

其六，发劲要"冷、脆、快、硬"。

二

基本战术如下：

要冷静观察，做到"迎敌机以破之，斯为得法"。

要积极主动，"打手不等手，出招不等招"，"彼不动我先动，彼微动我已动"，要快，要抢先，要争取主动。彼没出堵住打，紧逼快攻，所谓"一拳打得开，舍去百拳来"。

出手要快，行气即打。意到神至，神至手到。

明招暗手，引开对方视线打。

拉开对方防线打，由中及边，由边及中；由左及右，由右及左；由上及下，由下及上；由前及后，由后及前。像打乒乓球那样，进攻线路要多变。

遇阻力而不进，钻空子打，找轮空打。

一"空"即要"攻"，避实击虚；彼一退即乘虚进击。

彼一退或一起腿，即快速向前冲撞，"一进三赢，一退三输"。

"出手不断手，等于就没有。"断、截对方的手要上、中、下一起到，要"追身欺桩"。

在对方还能打得到自己的距离之内，绝对不能停手和放慢速度。

对不同体形、身高的人要区别对待：对身体强壮者，要打得机动灵活；对身高占优势者以攻其下路为主。

对付多人围攻时，要弃远图近，指东打西；要突出包围圈，使对方一帮人始终处于自己的正面，避免腹背受敌；身后严禁有陌生人，以防被偷袭。

第七章　白猿通背拳的特征

嫡传白猿通背拳是一项技术全面、系统完整的千年古拳，自成体系，具有明显的特征。

第一节　浑然一体的技术体系

嫡传白猿通背拳系很庞大，但不杂乱。它包括拳术、内功、桩、袋和器械几大部分。这些内容既相对独立，又相互关联，相辅相成，浑然一体。

创始于1000多年前宋朝冷兵器时代的白猿通背拳，作为一个武术种类，它最本质的功能就是防身抗暴。所以白猿通背拳招招都是防身抗暴的实用技法，不是取悦于人的花拳绣腿。为了能使人熟练地用作防身抗暴，白猿通背拳的拳术以拆手单操和操桩打袋的模拟实战为主。

白猿通背拳的内功锻炼，主要是为了使习练者在缓慢的运动过程中体验"意动、气行、形随"的感觉，使白猿通背拳的拳术尽快做到内外相合，上下相随，周身一家，发挥得更好，表现得更完善，促使防身抗暴的功能发挥到极致。

白猿通背拳操桩、打袋是一种模拟实战，能培养习练者的实战感觉，提高灵敏度和距离感，强化重手功夫，增强实

第七章　白猿通背拳的特征

战效果，避免"手不吃草"的弊病，从而做到"打人如薅草"，使白猿通背拳的拳术如虎添翼。所以拳谱中提道："不练铁顶，不操铁裆，要打狗皮袋，多操八宝桩。狗皮袋常操练，日久天长手如锏，遇到邪门更方便。"

白猿通背拳的刀、枪、剑、棍等器械，绝不是"杂耍客"手上的道具，而是招招致命的利器。操练和使用这些器械，就像拿着它练拳、用拳，要更加注意做到身械合一。

嫡传白猿通背拳有套路，但套路在当年主要用作和动作名称（口诀）相配合，起到串联和提示它所包括的技法，帮助习练者记忆的作用。现代社会，才增加了套路表演和套路比赛。

白猿通背中的这些内容是相互关联、相辅相成、浑然一体的。

套路的串联作用，就像手串里的那根绳子，是它将各种技法按照一定的顺序连在一起的。而套路中包括的各种技法，有不同的动作和名称，如同一颗颗串珠上雕刻着的各种图案。例如，习练者根据二十四势中第一拳的名称"紫燕抄水上下翻"，立马就能想到"抄水势""崩砸手""上下翻"三种技法。根据第二拳的名称"错步颠肘用掌拦"，习练者会很快就想到"错步""颠肘""用掌拦"三种技法。

白猿通背拳的套路中有许多单操手和拆手。所以，嫡传白猿通背拳的八手总拳和二十四势这两个最早最经典的套路，都能"一势拆三招，三招变九手"。

白猿通背拳的单操手，是一组一组的组合拳，少的两三个单式组成一组，多的五六个单式组成一组。各种单操手的排列组合，大部分是本门历代老前辈防身抗暴的实际战例，体现了前辈们在实战过程中的经验积累。例如，十二连拳里"撕拦手"的单操，双刀手接横抽斜掸组合：当对方一只手被我所刀，他的另一只手自然就会出来，这是绝大多数人的自然反应，鉴于此，我的另一只手就要再刀他的另外一只手，紧接着打出去的横抽斜掸才能奏效。

白猿通背拳的拆手，就是单位最小的单动作，如上面提到的"抄水式"，就是由一个由上向斜下的反抄水、一个由上向斜下的正抄水和一个由下向斜上的逆抄水，三个单动作组成的。

白猿通背拳的拳术要拆开单操单练，白猿通背拳的器械同样要拆开单操单练。这样才比较容易出功夫，才能为防身抗暴提供技术支持。因此，白猿通背拳的拳术和器械的套路、单操、拆手是相互关联，层层相扣，紧密相连的一个整体。

第二节　内外相合的周身运动

白猿通背拳是心意引导下的内气震荡而激发出的形神兼备、内外相合的周身运动。

"心引气走，意引血行"和"意动气行"，是白猿通背拳练功的一条重要法则。白猿通背拳非常强调意念的引领作用，要求"意动，气行，形随"，要做到精神、意念、气息、劲力、动作协调联动。

"心"与"意"都是指人的精神活动。而精神活动是大脑的功能，所以，白猿通背拳对心意的锻炼，实质上就是对精神活动的锻炼，是对神经系统的高级部位——大脑皮层功能的锻炼。心与意作为大脑的功能，它既是客观世界在大脑中的反映，同时，它又能对客观世界发出应变的指令。例如，我们在初次学做某个动作时，因为一时学不会、做不好，就会有不自然或不得力的感觉，这就是客观世界在大脑中的一种反映；为了做好这个动作，我们就会按照师父的要求，一遍又一遍地重复去做，并着意于改变那些不自然或不得力的部分，这就是大脑对客观世界发出应变的指令。

白猿通背拳对心意的锻炼，主要是使练功者能自我能动地掌握自己的精神活动，做到精神上的"欲静则静，欲动则动"；并能根据需要，由心意对沉之于丹田的内气进行自由引领，做到"以心运气"，"气遍全身"。

对于内气，自古以来我国医学理论一直都认为它是存在的，以中医理论为理论基础的白猿通背拳也肯定气的存在。从练功的实际感觉来看，练功日久后，也确实能感到有一种流体状态的物质——气存在，并随着意念的活动而运动。因此，笔者认为练白猿通背拳的过程，实际上也是一种意气运动的过程。

内气除了心意的引领，还要有呼吸气（外气）的推动，再加上形体动作做导向，"内引外导"才能使体内的内气运行有充盈、和顺的感觉。白猿通背拳的内功就是这样练的。

白猿通背拳是用作防身抗暴的拳术，初学时要求在心意的引导、调控下，内气缓慢地运动，发出较小的柔劲。随着动作逐渐熟练，按照动作的攻防要求，在加快动作速度和加大动作力度时，内气的运行则要急速迅猛，发出无坚不摧的特大刚劲。

白猿通背拳的任何动作，在初学和熟练掌握之前的阶段，即"找玩艺"和"找劲"的阶段，要求习练者的心意，一定要专注自己身体的某个或某些尚不适应的部位，逐渐纠正不协调的动作，这时的心意称为"内意"。因为这时候的"意"，注意的是习练者身体的内部环境，想的只是尽量将这些动作做好、做规范。这时练功者的练功效应，仅对强身健体有意义，而对防身抗暴是不起作用的。

若只讲究练，不讲究用（实战），甚至只知道练，根本就不知道用（实战），功架练得再好，也只能算是健身操。习练者若仅停留在这一阶段，并以为这样练就算是练武术了，那就大错特错了。

现在绝大多数人只注重套路练习（包括对练套路）和刻意追求功架完美，甚至搞花架子，追求所谓观赏性强的"高、难、新、美"。其实，他们练的并不是武术，而是中看不中用的"舞术"。

武术武术，"武"是相对于文说的，是动，是打；"术"是技术，是方法。武和术合在一起，武术就是为防身抗暴而打人的技术和方法。所以，习练白猿通背拳，在动作娴熟并能走上劲之后，就要求习练者将意念转移到关注外部环境上去，做到"练时如有人"，即带着敌情观念练，使搏击日常化、常态化。这样，当遇到暴力袭击时，才能做到"用时如无人"。

日常进行的真打实斗式的模拟练习，不仅会将隐之于内的"意"和"气"充分调动起来，还会将显于外的"神"和"形"得到充分彰显。白猿通背拳将这种着意于外部环境的"意"称为"外意"。

这种在心意引导下的"练时如有人"式的防身抗暴的模拟实战，是由内气震荡而激发出的形神兼备、内外相合的周身运动，既练了身手，也练了胆量，在实战中便会做到"用时如无人"。

第三节 躯干带动四肢的磅礴拳势

白猿通背拳形态自然，松柔沉稳，注重躯干带动四肢，有雄浑磅礴的拳势。

白猿通背拳的拳姿，与人体的自然形态极其相近，定势时躯干自然屈曲，一点都不矫揉造作。练白猿通背拳不需要搁腿、踢腿，更不需要练下腰和翻跟头等动作，甚至都不做前弓后箭式的弓步和骑马蹲裆式的马步，它的步型就是两脚一前一后，屈膝下蹲，按四六开支撑身体重量的"四六步"。"四六步"不是大虚大实，从防身来讲，既保障了人体重心始终落在前后两只脚之间，保持人体平衡稳定，也便于虚实转换，灵活移动；从健身角度来说，还能避免习练者膝关节损伤。

白猿通背拳重在舒适得力的基础上，去挖掘和发挥人体潜在的能量，无须超负荷的挑战体能极限。无论是强身健体，还是防身抗暴，都能让习练者在自然舒适的过程中得到提高。因此，适合长期习练。

白猿通背拳行拳，肢体是听命于心意的，由心意指挥四肢百骸，即所谓"心意君来骨肉臣"。而作为肢体运动，练白猿通背拳时，最重要的是要用身体练拳，要求用躯干带动四肢，在左旋右转时，要用腰背带动手臂；在前进后退时，要用腰胯带动腿。例如，做旋转性的动作时，要用躯干带动手臂做动作，手臂不能先于躯干乱动；凡是上肢向前向上的动作，也需躯干带动手臂；步子前进、后退时，两条腿也是靠腰胯带动的，如向前进步，主要是靠运动方向后面那条腿的胯关节向前送。

白猿通背拳非常讲究背的运动，要求"琵琶骨（背部的两块肩胛骨）活如扇"，做到"背背相通""背脊相通""背臂相通""腰背相通""肩背相通"。

嫡传白猿通背拳讲究的是"松沉劲"和"欺赶劲"。要打出这两种劲，首先要求习练者能放松，尤其是脊柱和两个肩、两个胯的关节要松开，不能僵硬。同时，还要沉下去，这种沉不仅是降低重心的下沉，更重要的是在全身松柔的状态下，习练者要跟地面有一种贴近感和亲和力。在这种松开来、沉下去的前提下，充分利用自己的体重这个现有资源，将其运动起来，在防身抗暴时，能够"动如山飞"，将其尽量多地砸向对手，这样打出来的劲，才是嫡传白猿通背拳所要求的"松沉劲"和"欺赶劲"。

嫡传白猿通背拳拳谱中《基本操手秘诀法》里要求："出手要冷，行气要醒。"即一动就要快，要有一种龙腾虎跃的气势，按三部丹田五部运气的功夫，揉进内外三合的要求，抱得紧，打得严，做到周身一家，浑身是拳。拳谱中《通背猿拳术之要论》里要求："动似脱兔"，"周身如电，运转如飞"，"忽远忽近，忽大忽小，忽曲忽直，忽进忽退"，"有时如大鹏展翅，有时如猿猴入洞，灵活灵动"，彰显出气势磅礴，威武雄壮的拳势。

第四节　注重防身抗暴的实战性拳种

白猿通背拳是体用合一，以拆手单操为主，立足于防身抗暴实战要求的拳种。

白猿通背拳在行拳时，要求"上下相随，内外相合"，在螺旋式走弧形线的动作中，使全身上下、内外都参与活动，"一动俱动"。此外，还要求行拳时"时时刻刻在腰中"，以腰总领一身之关节，用腰带动四肢百骸运动。腰的左右旋转、上下盘旋，不仅能使腰部关节和躯干部的肌肉、韧带都得到锻炼，同时由于腰的折叠旋转，还能使腹腔里的内脏受到按摩，也得到锻炼。所以它是一项全身运动，有全面锻炼身体的作用。白猿通背拳的创始人陈㧟老祖，在他生活的那个"人生七十古来稀"的年代，他的年寿竟高达118岁。

白猿通背拳练功方法的合理性，练功手段的科学性，决定了其具有强身健体效果的必然性。但白猿通背拳所认为的"黄金有价艺无价"，绝不是健身效果带来的"健康是金"。白猿通背拳作为一门武学，防身抗暴才是其首要的、本质的功能。健身效果只是其防身抗暴训练的附带效应，是防身抗暴训练的衍生品。

从白猿通背拳的训练顺序来看，这门拳术的技击训练分三个阶段，用三种方法进行模拟实战。第一阶段在熟悉套路的基础上，采用拆手单操，操手时强调练战结合，要求带着敌情观念练，在练的时候就假想在与对手搏斗，日常做到"练时如有人"，天长日久后便能达到"用时如无人"了。第二阶段加练操桩打袋进行模拟实战，练重手功夫和灵敏度。第三阶段采用"穿甲喂招"，即穿上用羊毛毡和狗皮做成的护具进行实战操练，不断增长实战经验，提高技击水平。

从白猿通背拳拳系的训练方法来看，就像读书人做学问，讲究"先博后约"，要求先广泛学习，全面了解白猿通背拳拳系的内容。在此基础上，再将白猿通背拳的防守方式归纳为"支架遮拦，搂刀滚转，封闭堵截，挨帮挤靠"，将进攻方式归纳为"远了长拳，近了短打"的八抓、八打、八劈、八按、八肘、八腿和四形八步等，并将这些浓缩的技法反复精练娴熟。这样，习练者既能做到"千手会"，也能达到"一招熟"，在防身抗暴时才会应付自如，游刃有余。

从白猿通背拳拳系的技法来看，由于白猿通背拳的特性是猴性，灵活灵动，速度快；特点是手重；特长是善抓。所以，白猿通背拳的抓法是绝大多数拳种没有的技法。此外，白猿通背拳八拳里的扣拳、擎打八捶里的正贯耳和冲天砲就包括拳击中的直摆勾，用膝打的"白猿献果"也含有泰拳中的技法。

除了拳技，白猿通背拳常用的拳型也与众不同，如尖拳（钻石拳）和梅花拳（凤眼拳、封眼拳），这种拳打在单位面积上的力量大，力量集中，伤害性较强。

从白猿通背拳拳谱对动作的要求来看，要"抱得紧，打得严"，实战预备姿势不采用"托枪式"或"大敞门"，要求"手腕相连"或"手手相连"，要"手不离中线"，要"守中用中"，保护好自己，尽量少露空档，不给对手可乘之机，在防身抗暴时，要求"观其动静，察其神情"，要"手随身入，心防敌变"，意识上强调"迎敌机以破之，斯为得法"，"出手要快"，"意到神至，神至手到"，要"眼似铜铃，手似刀枪，发声号令，出手如砲"……

从白猿通背拳内三合的要求是"心气胆"来看，其中的"胆"字，是防身抗暴所必须具备的条件。在碰到突发事件，或与人较技时，必须有胆量。《曹刿论战》曰："夫战，勇气也。"练武之人，就需要练出泰山崩于前而不惊的英雄虎胆，要有大无畏的勇敢精神与敢打敢拼的英雄气概。从一定意义上讲，胆量比技术都重要。

白猿通背拳锻炼强调以防身抗暴为抓手，是一门技击性非常强，特别讲究实用的拳种，而且基本上怎样练就怎样用，注重练战结合。

白猿通背拳健身以中医理论作指导，防身抗暴以我国群经之首的《易经》和最早的军事名著《孙子兵法》作指南，有十分丰富、科学的理论支持。

笔者恩师杨起顺先生生前常说："只会练不会说是傻把式，只会说不会练是嘴把式，能说能练才是真把式。""说"当然不是瞎说，不是胡吹海侃，而是能说出练拳和防身抗暴的理论。也就是说，要能够利用理论指导练拳和防身抗暴的实践。同时，练拳和防身抗暴的实践，也要能够体现出从实践中总结、提炼出来的理论。

综上所述，嫡传白猿通背拳拳系具有很多独特之处，无论是内容构成、理论要求，还是实践操练，都是围绕一个中心——防身抗暴与克敌制胜。同时，白猿通背拳操练极其符合强身健体的科学要求。因此，人们习练嫡传白猿通背拳，会有防身抗暴和强身健体的双重收益。

第八章　白猿通背拳的价值

研修白猿通背拳，是个以防身抗暴为抓手，践行传统文化，运用现代科学，收获强身健体的过程。因此，白猿通背拳的价值主要体现在文化、科技、防身和健体四个方面。

第一节　传统文化的载体

中国武术是扎根在中华传统文化沃土中的奇葩。其伴随中华传统文化的成长而成长，伴随中华传统文化的发展而发展。唐、宋时期，我国的经济、文化都发展到了一个相对鼎盛的阶段，在这个时期诞生的白猿通背拳，先天足，起点高，饱含着我国古代哲学、中医学和军事学的精华，散发出中华传统文化的芬芳，成为中华传统文化的坚实载体。

一

《易经》是指导白猿通背拳的纲领。

《易经》是中华传统文化的伟大发端，是中国古代文化中的群经之首，蕴藏着丰富深奥的哲理。此外，《易经》还是儒、道、墨、法、兵等诸子百家思想，以及中华医学、武术、气功理论的重要渊源。

第八章　白猿通背拳的价值

据本门拳谱记载，宋朝的著名道士陈抟是白猿通背拳的创始人。《宋史·陈抟传》记载，"抟好读《易》，手不释卷"。因此，陈抟创建的白猿通背拳拳系，必然以《易经》作为理论基础，以易理推拳理，使拳理符合易理。

"易"讲变化，白猿通背拳重变化。

"生生之谓易"。《易经》的主题是讲生的，讲运动的，讲变化的。

《易经》中的"易"，本身就含有简易、变易和不易的意思。通观《易经》全书，尽管语言玄奥，但是其精义无非是在讲一种"变化"的哲学，时时处处都在讲变化，认为宇宙处于永恒的运动变化之中，而且变化莫测。

《易经》为我们描述了一幅万物交感，不断运动、变化和发展的生动图画：由阳爻"—"和阴爻"--"这两种基本符号，构成的八卦，到六十四卦是《易经》对万物发展变化所进行的概括和描述。

"《易》有太极，是生两仪，两仪生四象，四象生八卦。"是《系辞传》对于"—"和"--"两个基本符号代表着的阴、阳二气相互作用才产生八卦，即天、泽、火、雷、风、水、山、地，进而产生天地万物的高度概括。

《易经》所蕴含的关于事物是运动、变化和发展的观点，为白猿通背拳拳系提供了理论指南。

白猿通背拳认为，人身乃一太极。未动之时，不分阴阳虚实，只要一动，无论是练功起势时的擎捶式，还是防身抗暴时的实战预备势，两脚的一前一后，两腿的一虚一实，两手的一上一下或者一拳一掌，这前和后，虚和实，上和下，拳和掌，即是阴和阳，即是两仪。在运动中，生成白猿通背拳的四形和八步，即两仪生四象，四象生八卦。又有八拳、八掌、八抓、八肘、八腿、八打、八劈、八按，生成了白猿通背拳的八八六十四种主要技法。

白猿通背拳拳系中的八手总拳，是母拳，由八手总拳又衍生出名闻遐迩的二十四势。这又象征着八卦的每一卦有三爻，共三八二十四爻。

白猿通背拳拳系明确提到"变"字的就有多处，如八手总拳和二十四势这两套拳，既有单操，又有拆手，在技法编排上有"一势变三招，三招变九手"；锻炼要求上有"腰似蛇行腿似钻，出手自当有奇变"；打手秘诀里有"三变"；在防身抗暴中，提出要"手随身入，心防敌变"。此外，虽然没有用"变"字，但要求变的还有很多，如操练时要"忽远忽近，忽大忽小，忽曲忽直，忽进忽退"，在战术上重视对手，预防对手的变，提出了"将猫当虎看"的要求。

没有明确讲"变"，但白猿通背拳在技术要领上为了便于变化，做了许多合理的设计安排，如白猿通背拳的基本步型为四六步。所谓四六步,是指前后两条腿承载体重的比例，一条四成，另一条六成，这样两条腿既有了虚实之分，也有了阴阳之别。四六步前后两条腿负荷的绝对值相差两成，其实前后腿负担的体重稍有区别即可，既避免了"双重"，又避免了"偏重"，所以前后两条腿的虚实变化，也就是阴阳转换，在瞬息万变的实战中，比二八或者三七分成的步型，变化起来要快许多。从健身角度来讲，四六步比那些大虚大实的步型，对练习者的膝关节也有较好的保护作用。这就是白猿通背拳拳系主要步型四六步的精当之处。又如手的三连——手肘相连、手腕相连和手手相连，严格做好"招看着手，手看着招"，操练时显得紧凑，防身抗暴时出手也快多了。

为了变得合时宜，变得恰到好处，白猿通背拳又提出了许多要求，如防身抗暴时，要看四意，即看对手的两个肩和两个胯。根据人体的生理结构，手臂动，肩必然先动；腿动，胯肯定先动。所以，"看肩不看手，看手准没有"。"月晕而风，础润而雨"似的见微知著，"见势早，得机先"，才能做到拳谱上要求的"迎敌机以破之，斯为得法"。

技击时的变化快，远比动作速度快重要。白猿通背拳拳系正是有了这许多"变"的要求，又有了为能"变"和便于"变"设计的技术条件，才达到了"通背拳法妙如神"的现实可能性。

二

中医理论是白猿通背拳用于强身健体的基础。

白猿通背拳出自道家。道教重人贵生的人生观，形神统一的生命说，性命双修的内炼体系和逆修返源的仙道理论，主张通过自我养护和锻炼，以求得生命的长存，无疑是一种积极的养生修炼观。葛洪在《抱朴子内篇·黄白》中引用《龟甲文》，喊出了我国古代健身史上振聋发聩的口号——"我命在我不在天，还丹成金亿万年"。

白猿通背拳的创始人陈抟，由儒生入道门，他汲取了老子、庄子等道教思想的精髓，同时为求得生命的长存，在道家内丹学方面，他除了总结继承了东汉魏伯阳《周易参同契》以来道教传统的内炼功法外，还将吐纳术、导引术与武术技法糅合在一起。他创建的白猿通背拳内功四正十二掌、站桩二十四势和走桩二十四势，以中医理论和经络学说为理论基础，讲究"心引气走，意引血行"，"吸化开合，行桩踩气"，"轻软绵连随，旋转空化力，阴阳任督气"和"吞吐沉浮，螺旋滚挫，三角支撑，合力叠加"。他身体力行，取得了极佳的锻炼效果，年寿高达118岁。

《老子想尔注》中提道："不知长生之道，身皆尸行耳。"《老子道德经河上公章句》中则进一步说："修道于身，爱气养神，益寿延年，其法如是，乃为真人。"老子将"爱气养神"视为"益寿延年"的关键，跟中医理论是完全一致的。中医学认为，"天有三宝——日、月、星，地有三宝——水、火、风，人有三宝——精、气、神"。白猿通背拳的养生健体，主要就是着眼于精、气、神的锻炼。

《素问·金匮真言论》中记载："夫精者，身之本也。"精是人体生长、发育及生殖能力的物质基础。胚胎的形成及胎儿的生长发育，是先天之精的作用。中医将精归于肾脏，所以称肾为"先天"。人出生之后，既赖先天之精的促进，更需后天之精的充养，靠脾胃发挥作用，由水谷饮食来补给，因此中医称脾胃为"后天"。白猿通背拳拳系的站桩功里，第一势"八字站桩换气法"，是练固肾强身的；第十四势"左掌上升脾胃变"，是练脾胃的。通过这种锻炼，既能使肾精充足，也能使脾胃更好地运化吸收营养，供应五脏六腑，成为五脏六腑之精，以维持脏腑的生理活动。

《医门法律·大气论》中提道："气聚则形存，气散则形亡。"《医门法律·先哲格言》中提道："人之所赖，惟此气耳！气聚则生，气散则死。"《难经·八难》中提道："气者，人之根本也。"中医学认为，"气"既是构成人体的基本物质，又是维持人体生命活动的基本物质，于人体具有十分重要的作用。从某种意义上说，人的生命活动就是"气"的运动。由于"气"的升降出入运动，是维持人体生命活动的基本条件，因此白猿通背拳拳系非常重视练"气"。

白猿通背拳有三个二十四势，其中两个是内功，主要就是讲练气，动作名称中都带有"气"字。例如，走桩二十四势里，其中就有八势带着"气"字："呼吸吐纳定气法""气贯四意分上下""供手胸前葫芦气""合气盘旋上贯力""二气相分扫山峰""流星赶月换气法""曲珠气行掌追拳""气沉丹田多变化"。

中医理论认为，人体的气血是通过经络运行全身和营养各组织器官的。经络外与皮肤等感觉器官相连，内与五脏六腑相接，网络全身各部，使人体脏腑、感觉器官、肢体活动能够分工协作，构成一个统一的整体，起着重要作用。所以，《灵枢·经脉》中记载："经脉者，所以能决死生，处百病，调虚实，不可不通。"

中医理论认为，经络的通畅是依靠"气"的推动来实现的。为此，有疾患的人可以通过内功练气，通经活络，调和气血，而恢复健康；健康的人可以通过内功练气，发挥元气，加强先天之气，补足后天之气，保持经络畅通，阴阳平衡，从而达到健康长寿的目的。基于此，白猿通背拳的内功十分重视通经活络的锻炼，站桩二十四势就是走十二经络的，如"赤龙搅水须下咽"是练心经的，"单掌托天肝脉转"是练肝经的，"左掌上升脾胃变"是练脾经的，"胸前起掌阴阳换"是练肺经的，"提起涌泉肾经转"是练肾经的等。

《灵枢·小针解》说："神者，正气也。""神"在中医学中有广义和狭义之分。广义的"神"是指整个人体生命活动的外在表现；狭义的"神"，是指人的意识、思维、情感等精神活动。

《素问·宣明五气篇》中说："心藏神。"《素问·灵兰秘典论》中说："心者，君主之官也，神明出焉。"又说："故主明则下安，主不明则十二官危。"心主血脉，产生神明活动。神能统率脏腑组织的功能活动，故喻为君主。神产生并总统于心，是人体脏腑组织等一切生命活动的主宰。

《灵枢·经脉》中说："手少阴之别循经入于心中，系舌本。""心开窍于舌"，心与舌是相系相联的，心脏急救药要置于舌根处，就是这个道理。根据中医学的这个理论，白猿通背拳站桩二十四势里"赤龙搅水须下咽"，采用"舌搅""舌探""舌弹"等功法，给心脏以锻炼。

中医学"形与神俱""形神合一""形神相印"的生命观，强调形体与精神的统一。所以，白猿通背拳练功时，要求提起精神，全神贯注，要"神如扑鼠之猫"，"意动气行形随"；要带着敌情观念，做到"练时如有人"；应敌之时，要"上场如猛虎"，出手要快，"神到手到"，"紧逼快攻"，打得对方招架不及；要威武勇猛，显示出无人匹敌的霸气。

精、气、神三者有着密切的关系。气生于精，精化为气，精气旺盛，神自然活跃、饱满。所以"三者不可分离，相互为用，同样重要。精是基础，神是主宰，气是动力。白猿通背拳拳系以中医理论为依据全面设计了一整套的修炼功法，有助于习练者延年益寿、防身抗暴。此外，中医理论也是白猿通背拳克敌制胜的指南，防身抗暴时要打对手的薄弱环节，即打穴位。白猿通背拳还主张根据子午流柱应时打穴。

第八章 白猿通背拳的价值

三

《孙子兵法》是白猿通背拳防身抗暴的指南。

白猿通背拳拳谱中的《通背猿拳术之要论》,开篇即说:"拳法一人敌也,兵法万人敌也。重于此者,熟读孙吴,深明韬略。"这里的"孙吴",是指孙武的《孙子兵法》、孙膑的《孙膑兵法》及吴起的《吴起兵法》。这三部均出自我国春秋战国时期,是被后世兵家奉若至宝的著名军事著作。太史公司马迁的《史记》,为这三部兵书的作者列了传——《孙子吴起列传》。

这些兵书,讲的虽然是"万人敌",但作为研究防身抗暴"一人敌"的白猿通背拳习练者,拳谱也要求"熟读孙吴",并要"读此究理,以理推术",才能懂得"进退存亡之道,吉凶晦明之理"。由此可见,白猿通背拳的防身抗暴,是以《孙子兵法》为代表的古代兵法为指南的。

《孙子兵法》中的《始计篇第一》说:"兵者,诡道也。"白猿通背拳要求灵活多变,要"手随身入,心防敌变",要足智多谋,做到笔者恩师杨起顺先生说的"十八个主意不到黑"。

《孙子兵法》中的《谋攻篇第三》说:"知彼知己者,百战不殆。"白猿通背拳反对莽撞盲动,要求"对敌之时,观其动静,察其神情,或向左或向右,或虚或实,或进或退可以先知,迎其机以破之,斯为得法。若等彼拳已出,随后追之,必不及矣"。

《孙子兵法》中的《军争篇第七》说:部队行动要快,要"后人发,先人至",要"其疾如风,侵掠如火,动如雷震"。孙武的后代子孙孙膑所著的《孙膑兵法》中的《积疏》一文,也强调"疾胜徐",说明"兵贵神速"。白猿通背拳防身抗暴时,要求"应敌如同火烧身",要"神到手到",要快得"手似刀枪","出手如砲";要"急如猫扑鼠,快似箭离弓";要求"拳似流星眼似电"和"二手穿连似星串",紧逼快攻。

《孙膑兵法》中的《威王问》说:"必攻不守,兵之急者也。"即领兵打仗要善于进攻,而不消极防守。白猿通背拳防身抗暴时,就主张积极进攻,要"打手不等手,出招不等招";反对消极防守,认为"一进三赢,一退三输",只有善于进攻,才是取胜之道。

积极主动地进攻,需要有大无畏的英雄气概,《孙膑兵法》《将德》一文中提出,要"不劫于敌",就是要勇敢。白猿通背拳内三合的练法是"心、气、胆",提出要锻炼习练者的胆量,培养勇敢精神,造就一颗英雄虎胆,变得有血气,敢打敢拼。

有胆量敢进攻,却也不能蛮干,还要动脑子,"上兵伐谋"。要像《孙子兵法》中的《谋攻篇第三》说的,"攻其无备,出其不意"。要像《孙子兵法》中的《虚实篇第六》说的,"出其所不趋,趋其所不意",要"避实而击虚"。所以,白猿通背拳防身抗暴时,要运用"遇阻力而不进"的战术。当对手向我进攻,在他还没有发出时,要堵住他打,使他发挥不了;在他发出时,白猿通背拳主张"搂、刀手当先","化而打之",不硬拼,不冒险;当我主动向对手进攻时,白猿通背拳主张"引、掸手当先",用明招暗手,引开对方视线打。

《孙子兵法》中的《虚实篇第六》认为："兵无常势，水无常形；能因敌变化而取胜者，谓之神。"所以，白猿通背拳要求防身抗暴时，要"观其颜色，察其神情"，根据对方的变化随机应变。同时，一旦动手，就要积极掌握主动权，调动对方，拉开对方防线打，打落点变化，要打得机动灵活，打得对方手足无措，应接不暇。

白猿通背拳承载的中华传统文化，为我们学习、继承优良传统，有效地强身健体和防身抗暴，提供了一条便捷的绿色通道。

第二节　科学知识的结晶

白猿通背拳虽然诞生在 1000 多年前的唐末宋初，但当我们从现代科学知识的视角观察它时，发现它的核心技术，是符合现代医学、理论力学和动力学等现代科学知识的，涉及丰富的现代科学技术。

一

"气沉丹田"的实质符合现代解剖学。

武术界的各拳种几乎都会提及"丹田气"，如形意、八卦、太极和白猿通背拳特别强调要"气沉丹田"。关于如何"气沉丹田"，有从胸前将气往下压的；也有人以为，只要呼吸深、长、匀、细，他的呼吸气就沉入丹田了。其实，呼吸气永远只能在鼻腔和口腔到肺部之间往返来回，即使肺破了，呼吸气也只能滞留在胸腔里，患"气胸"，它也绝对到不了下腹部的丹田，因为胸腔和腹腔之间还有一道横隔膜隔着。

从现代解剖学，结合祖国传统医学理论来看，笔者认为，白猿通背拳气沉丹田的练法是可取的。

首先，白猿通背拳认为，"气沉丹田"中的"气"不是后天呼吸的"气"，只能按中医理论来解释，是先天之"气"，是"内气"，是脏腑之气。因为中医所讲的气，不仅是呼吸气，而是古代医家将古代哲学中的精气学说引用于医学后，用于解释人的生命现象的气，它既是构成人体的基本物质，也是对人在生命活动中如何感知世界及应对自然的实践性概括。中医学认为，心有心气、肝有肝气、肾有肾气等，五脏六腑各自都有各自的气。

从现代解剖学来看，五脏六腑都维系于循行在体腔背部脊椎骨的主动脉血管、主静脉血管和神经中枢等，也就是说，人的内脏器官主要是依附在后背部的。所以，在练拳时将肢体放松，其中最关键的是躯干部位的脊椎骨要节节松开，一直向下松沉到能提裆垂间。从侧面看，将S形的脊柱松弛成C形，使体腔里五脏六腑的位置随着脊椎骨的松沉下降，使人体的重心向下沉坠。杨起顺先生曾提道："气入丹田在于意，气沉丹田在于气。"让脊椎骨放松，由脊柱从后面向下沉，"松督脉提任脉"，结合"提裆垂间"，"将臀部向前送"。这样一来，五脏六腑的位置下降，其脏腑之气也随之下沉，就形成了"气沉丹田"。做到"气沉丹田"，感到下腹部很充实，才能体会到自身的稳定感。

白猿通背拳"气沉丹田"的练法，是符合现代解剖学知识的；现代解剖学知识，也印证了白猿通背拳"气沉丹田"的练法是有科学依据的。

二

加快速度的要求符合现代医学和物理学。

白猿通背拳是用于防身抗暴的实战性拳种。防身抗暴对速度有很高的要求，所谓"兵贵神速"，速度不快的话，防守就防不住，进攻也难以奏效。所以，白猿通背拳防身抗暴时，要求"拳似流星眼似电"，"急如猫捕鼠，快似箭离弓"和"周身如电，运转如飞"。

为提高速度，白猿通背拳提出了"神到手到"的运行速度，"迎敌机以破之"的反应速度和"走弓弦不走弓背"的技术速度三大措施，都是符合现代科学知识的（详见第五章第三节《速度》）。

白猿通背拳实战时要求攻防合一，打一拍。对对手的进攻，消极避让固然不好；先格挡或截压，然后还击，分二拍打也不好；而应当在格挡或截压的同时即进攻对手，打一拍，才有"出手不见手，拳打人不知"之妙。例如，当对手以右手向我中路进攻时，我便用右前臂边压着对手前臂边内旋着进击对手中路，体现"打即是顾，顾即是打"的技击原则。这显然要比先将对方手向下压，再起手还击的速度要快。

三

发劲大和用劲巧符合理论力学和动力学。

任何运动都要用力，对抗性的运动尤其重视力，以技击为核心内容的白猿通背拳，更加讲究力的运用，并且将这种力称为劲。有关劲的讲法很多，但归纳起来，白猿通背拳认为主要讲两条：一是发劲要大，二是用劲要巧。发劲大的标准，应当像武林前辈提出的"无坚不摧"；用劲巧的最高水平，就是"四两拨千斤"。白猿通背拳发劲大和用劲巧，都是符合现代力学原理与牛顿定律的（详见第五章第四节《劲力》）。

要想发劲大，首先要提起全副精神，调动体内一切积极因素，激发内在的各项潜在能量，斗志昂扬，奋力搏击。其次，劲要发得整，技术上要牢记一句话：心往一处想，劲朝一处使，要"起于根，发于腰，通于背，达于梢"，上、中、下三部丹田同时发到位，做到"两个合一"和"三个不软"。同时，胯关节是人体最大的关节，其周围的肌肉也最发达，务须充分利用。最后，发劲一定要"冷脆快硬"。

做到发劲大是不容易的，而做到用劲巧，更不简单。用劲巧是一种"阶及神明"、出神入化的境界，包括三个方面：一是有效利用发的力，减少无用功，提高发力的利用率；二是发小劲收获大效果；三是用巧劲化解对方大力道。对此，白猿通背拳提出了一些用劲巧的原则：要求"遇阻力而不进"，讲究"避实击虚"，"借劲打人"，强调"迎敌机以破之，斯为得法"。

"借劲打人"，是借人之力为我所用，顺着来力的方向及时加力，从合力上提高打击效果的方法，是用劲巧的最高境界，也是"避实击虚"的进一步要求。

白猿通背拳防身抗暴时，为了提高打击效果，要求习练者尽量顺着对方来力的方向及时加力，以获得较大的合力。这个要求符合力的合成原理，跟现代科学知识是一致的。

白猿通背拳凝聚的现代科学知识，提高了我们对中国传统文化的认识和理解，从而更加激发了我们将这项传统技艺发扬光大的责任感。

第三节　防身抗暴的绝技

一

自古知兵非好战。

武术的核心和灵魂是技击，是防身抗暴。它与其他体育项目的区别主要是它精妙的技击技艺。

武术的技击技艺，是我国历代武术前辈心血和智慧的结晶，是武术项目里真正宝贵的非物质文化遗产。保护和传承传统武术的关键之一就是应该保护它防身抗暴的武文化部分，传承和利用其精妙的技击技艺精髓，而不仅是习练徒具形式的套路与"高、难、新、美"的非武术的玩意儿。至于健身，只是武术的衍生产品，因为手脚活动了，对强身健体自然也就有益了。

嫡传白猿通背拳，是个以研修防身抗暴为抓手，践行传统文化，运用现代科学，收获强身健体的千年古拳。

笔者恩师杨起顺先生曾说："黄金有价艺无价。""艺不轻传"，主要就是指它的技击技艺不会轻传，更不会教"匪类之人"。这是身怀绝技的武术前辈极其典型、极具代表性的思想和历来传统的做法。历来都是"天下的把式（练武的人）多如牛毛，孬的多，好的少"，一般人学不到真正完整的技击技艺，或是学不多、学不精。受历史环境的影响，如凤毛麟角的善技击的老武术家成了惊弓之鸟，大多不教技击了。因此，中华人民共和国成立后学武术的人，绝大多数都不真正会技击。

"自古知兵非好战"。拳谱《通背猿拳术之要论》里，教导本门弟子，学武是为了"保身保家"，要"上筹国计，下济民生，助难扶危"。所以，我们提倡保护和继承这种技击技艺，不是崇尚暴力，而是保护、传承我们老祖宗几千年来用以安邦定国的宝贵文化遗产，并使之服务社会。

白猿通背拳本质的功能是防身抗暴，所以我们现在传承的定位主要就是防身抗暴，使习练者在遇到不测时，能利用它免于自尊受辱，保护生命财产安全，做到拳谱中提到的"动乱之时不可忘文章，太平之时不可忘武备"。

二

胆大勇敢是关键。

防身抗暴需要胆子大，需要勇敢精神。所以，白猿通背拳的内三合叫"心、气、胆"。白猿通背拳将胆量作为练功的一项重要内容，要求练出一颗"泰山崩于前而不惊"的英雄虎胆。

《左传·曹刿论战》里有句名言："夫战，勇气也。"狭路相逢勇者胜，从一定意义上讲，敢于面对现实，勇于拼搏比技术水平都重要得多。所以，白猿通背拳要求的胆大、勇敢是防身抗暴的关键。

三

科学训练是基础。

俗话说，"艺高人胆大"。防身抗暴需要有过硬的本领，本领的练就需要科学的训练。

第八章 白猿通背拳的价值

嫡传白猿通背拳训练分三个阶段。

第一阶段，在基本功训练有一定基础后，学习套路，套路学会后即以习练拆手单操为主。单操强调练用结合，要求带着敌情观念练，做到"练时如有人"，以便将来真正实战时做到"用时如无人"。

这一阶段重点要解决身体、手脚协调的问题，做到"意动气行形随"。要"时时刻刻在腰间"，所有动作都要用躯干带动，要能上下相随，内外相合，做到周身一家，浑身是拳，提高应激反射速度和拳劲。其间，可穿插练一些重手功夫，如拧小棒子、抖铁链条、扔铁砂袋、拍打掌心袋和砂棒等。

第二阶段主要是操桩打袋。袋叫狗皮袋。挂着的叫挂袋或吊袋；平放着的叫卧袋。桩叫八宝桩，是能向任意方向摇摆和旋转的活桩。桩袋的打法有很多，老前辈为了谐和"把式"的音，所以只讲各有八种打法。

操桩打袋有各自练习的侧重点：八宝桩除了用上肢练习攻击各种方向的目标外，还能用下肢练习各种步法和腿法。挂袋主要练习向前打，攻击前方目标；卧袋主要练习向下打，攻击下方目标。

操桩打袋既是练重手功夫，解决"手不吃草"；更是模拟实战的一种方式。通过训练，可以培养应接手感觉和搏击兴趣，提高灵敏度，把握距离感和时间差等。八宝桩是会向任意方向摇摆和旋转的移动靶，对手、眼、身法、步的协调配合和随机应变能力的锻炼，有更好、更全面的效果。

本门拳谱上说："操桩打袋是练通背之本"，"不练铁顶，不操铁裆，要打狗皮袋，多操八宝桩。狗皮袋常操练，日久天长手如锏，遇到邪门更方便"。

第三阶段采用"穿甲喂招"的训练方法。传统的做法是穿上用羊毛毡和狗皮做的护具（现在可从武术器材商店购置现成的护具）进行实战操练，进一步提高技击水平，尤其是应变能力，增长实战经验，捕捉拳谱上要求的"迎敌机以破之"的战机。

一个勤奋好学的人，经过白猿通背拳以上三个阶段的训练，有助于练就过硬的本领。

四

发挥特长是根本。

白猿通背拳防身抗暴，虽然像水无常形、文无定法，没有固定的路数，但发挥本门的特长，是十分重要的。

白猿通背拳是一门技击性非常强，特别讲究实用的拳种。练白猿通背拳就像做学问一样，先博后约，可以非常明晰地将防守技法归纳为"支架遮拦，搂刀滚转，封闭堵截，挨帮挤靠"十六个字，将进攻技法归纳为"远了长拳，近了短打"的八抓、八打、八劈、八按、八拳、八掌、八肘、八腿。在打时，要求"守中用中"，"三口发招"，攻防一体，打一拍，使对方猝不及防。

白猿通背拳的特性是猴性，速度快，技法灵活多变。猴是善抓的，所以白猿通背拳的抓法十分精妙，很有特色。此外，八拳里的扣拳、擎打八捶里的贯耳和冲天砲，包括了现代拳击直、摆、勾的技法；八腿里的"白猿献果腿"，是用膝打的，包括了泰拳里的一些技法。

白猿通背拳技术全面，以拆手单操为主，基本上怎样练就怎样用，体用一致，练战合一，所以对提高防身抗暴的能力有很显著的作用。

白猿通背拳常年操桩打袋，所以手沉（即手重）。

白猿通背拳坚持用躯干带动四肢的做法，有利于利用自身体重砸向对手，势大力沉。

白猿通背拳交手要求"追身欺桩"，"打人如亲嘴"，"过人如过墙"。在遮挡住对方的手，防护好自己的前提下贴上去打，或者"动如山飞"朝对方冲撞而去。

白猿通背拳拳谱中《通背猿拳术之要论》，开宗名义的第一句话就说："拳法一人敌也，兵法万人敌也，重于此者熟读孙吴，深明韬略。"可见白猿通背拳的技击理念，来自我国古代的军事理论，有非常科学的理论支撑。

所以，我们在防身抗暴时，一定要充分体现科学的理论，充分利用技术优势，充分发挥技术特长。

五

激烈拼搏是保障。

白猿通背拳防身抗暴完全不同于擂台上的散打、拳击等比赛。擂台赛是预定的，既有思想准备，也有充足的时间做赛前热身运动；还能提前收集对手资料，分析了解对手的特点、长处和短处，并以此为依据制订相应的比赛方案。

而防身抗暴往往是突发性的，骤然临之，事先对对方毫不知情，体重也不会像打比赛那样基本匹配。因此，难度比任何既定的搏击赛都要高得多。所以，一旦遇上，立马就要进入临战状态，全身心地投入进去，时刻提防对手突然袭击。笔者恩师杨起顺先生提出："观颜察色，见景生情"；"彼微动，我已动",必须要争取主动,控制局面,绝不能穷于应付,被对方牵着鼻子走。

防身抗暴时,一定要进行激烈的拼搏,来不得丝毫松懈。因此,面对对手时,要极其亢奋、激扬,使机体处于应激状态非常重要,有助于提高反应能力和敏感性,也有利于调动全身潜能,发挥出超长的速度和力量。

防身抗暴时,想不受伤就必须要有不怕受伤的气魄;尤其当生命受到威胁时,要尽全力保护自己,尽快扭转险情,做到白猿通背拳拳谱上要求的"拳似流星眼似电","二手穿连似星串","周身如电,运转如飞","急如猫捕鼠,快似箭离弓"。

国家法律是准绳。

我们是法治社会,不仅要有法律观念,而且要对法律有敬畏之心,一切行为必须要以法律为准绳。

防身抗暴,是指正当防卫。我国《刑法》第二十条规定:"为了使国家、公共利益、本人或者他人的人身、财产和其他权利免受正在进行的不法侵害,而采取的制止不法侵害的行为,对不法侵害人造成损害的,属于正当防卫,不负刑事责任。"

正当防卫的目的是为了制止不法侵害,避免危害结果发生。因此,必须要注意以下两点。一是防卫要适时,是针对正在进行的不法侵害所实施的自卫或者反击行为。如果不法侵害尚未开始,或者已实施完毕,或者实施者确已自动停止了伤害(犯罪中止),是不能"防卫"的。否则,就是防卫不适时,要承担刑事责任。二是防卫要适度,正当防卫应以足以制止不法侵害为限。如果防卫时明显超过必要限度而造成重大损害的,就是防卫过当,也是要承担刑事责任的。

所以,作为练武的人,我们必须要有武德,要有好生之德。我们应当知法懂法、守法用法,秉持"人不犯我,我不犯人"的原则,既不惹事也不怕事,坚决反对持勇滋事、以武犯禁。

第四节　强身健体的法宝

白猿通背拳作为一个拳种,它本质的功能是防身抗暴,但由于这个拳种的练法很科学,所以它的衍生产品——强身健体、延年益寿的效果也出奇的显著。习练该拳的有许多高寿之人,如白猿通背拳的创始人陈抟老祖的年寿竟高达118岁;北京白猿通背拳第一代传人石鸿胜的年寿高达98岁(1794—1892年),第二代传人张文成89岁(1815—1904年)。

白猿通背拳之所以有极佳的强身健体和延年益寿效果,关键在于该拳种有一套科学的、符合人体自然形态的、又便于践行的训练方法:松开来,沉下去,立身中正,用躯干带动四肢,内外相合,上下相随,周身一家,自然和顺。

一

松开来有利于气血通畅,保持青春活力。

松开来是白猿通背拳训练的最基本的要求,它除了有利于防身抗暴所必须具备的速度和力量之外,还有利于气血通畅,保持青春活力,对人体的健康也极其重要。

放松改善血液循环,可以使人僵硬的关节得到软化、柔韧化。由于衰老是渐进的，抗衰老的效果也是潜移默化的。但是，我们如果能按照白猿通背拳的锻炼要求，经常性地使关节处于放松状态，长期坚持下去，关节的老化速度就能减慢，动作就能像年轻人一样轻捷、灵活，体态也能像年轻人一样挺拔、舒展，而保持青春活力。

二

沉下去有利于延缓衰老。

沉下去是白猿通背拳锻炼的又一个重要法则，要求脊柱放松到能提裆垂间，气沉丹田，做到上虚下实。

"上虚"是指上体（肚脐以上）虚灵，"下实"是指下体（肚脐以下）充实。白猿通背拳练功讲究虚胸实腹、气沉丹田；讲究气息归元、息息归根。气归根（把气归于丹田），上体才能虚灵；气根固，下元才能充实（把气稳固于丹田）。因此，只有做到"上虚"时，上体才有空灵无物的感觉；只有做到"下实"时，体内才有精力充沛、内气充盈的感觉。而"上虚"又是以"下实"为基础的，因而练拳或练内功时都应保持"上虚下实"的状态。

上虚下实，对白猿通背拳锻炼的健身意义是非常重要的。人伴随发育、成长和衰老的过程，到老年时往往容易呈现血压增高、头重脚轻、步行不稳等"上盛下虚"的征象。这种情况尤以急躁易怒、不善修养的人为甚。白猿通背拳要求松开来，沉下去，主张引气下行、息息归根、充实下元，能预防"上盛下虚"的出现。所以，我们练功时特别强调下元充实，上体虚灵，这样才能有益于身体健康，使头脑清醒，耳聪目明，步履稳健，从而延缓衰老。

三

用躯干带动四肢有利于内脏健康。

练拳不仅是抬胳膊动腿的事。白猿通背拳特别强调用身体练拳,用躯干带动四肢。由于白猿通背拳行拳时要求"时时刻刻在腰中",要求"腰似蛇行腿似钻",在沉下去,下盘稳固的基础上,以腰总领一身之关节,无论是举手投足,都要用腰,用躯干带动。腰的左右旋转、上下盘旋,不仅能使腰部关节和躯干部的肌肉、韧带受到锻炼,更重要的是由于躯干横向开合、纵向开合、斜向开合和腰的折叠旋转,还能使体腔里的横隔膜与五脏六腑都受到按摩,得到锻炼。

人体的健康,关键在于内脏健康。内脏健康的人才会健康长寿。白猿通背拳坚持用躯干带动四肢的运动方式,特别有利于对内脏的锻炼,有益于延年益寿。

四

内功修炼有利于培育内气,畅通经络。

白猿通背拳非常重视内功的修炼,内功讲究的是练"意"和练"气"。其中的"气"为"内气"。"内气"是指在练功过程中产生的一种内动现象,也就是练内功练到一定程度后练功者自己感知的一种"气样"的感觉。

中医学认为,经络的通畅是依靠"气"的推动来实现的。因此,练内功形成的内气具有疏通经络的作用。而内气的运行,又是在意念的引领下,在呼吸气的推动下,沿着经络,到达人体的五脏六腑、四肢百骸的。练功日久,内气既能根据需要,随着意念传贯到人体的某个局部部位,也能像笔者恩师杨起顺先生要求的那样，做到"气遍全身""劲贯四梢""全身贯成意合力"。

中医学认为，经络"通则不痛，痛则不通"。对有某种疾患的人，可以通过内功练气，通经活络，调和气血，恢复健康，而驱病延年；对健康的人来说，可以通过内功练气，培元固本，发挥元气，加强先天之气，补助后天之气，保持经络畅通，阴阳平衡，做到《黄帝内经》说的"正气存内，邪不可干"，从而达到"上工治未病"、健康长寿的目的。

白猿通背拳训练稍有时日的人，手微微一张，即会产生掌心发热、手指发胀、充盈的感觉。从中医角度来说，这就是体内行气的现象，是畅通经络的反应，是"本固则枝荣"的表现。在江南地区，这对青少年防治手、脚生冻疮也有较好的作用。

五

锻炼长寿穴有利于延年益寿。

穴位是人体经络线上特殊的点区部位。《神灸经纶》称为"穴位"，《铜人腧穴针灸图经》则称为"腧穴"。"腧"通"输"，或从简作"俞"；"穴"是空隙的意思。《素问·气府论》解释"腧穴"是"脉气所发"；《灵枢·九针十二原》认为其是"神气之所游行出入也，非皮肉筋骨也"。腧穴并不是孤立于体表的点，而是人体脏腑经络气血输注出入的特殊位置，是与深部组织器官有着密切联系、互相输通的特殊部位。"输通"是双向的：从内通向外，反应病痛；从外通向内，接受刺激，防治疾病，促进健康。从这个意义上说，腧穴又是疾病的反应点和治疗、保健的刺激点。白猿通背拳的运动特点,对人体的许多穴位都有良好的刺激保健作用,尤其像命门、神阙和膏肓等长寿穴,能经常接收到良性刺激,所以对人体的健康长寿非常有好处。

命门有人体生命通道的含义。命门穴因其位处腰背的正中部位,内连脊骨,在人体重力场中为位置低下之处,脊骨内的高温高压阴性水液由此外输体表督脉。命门穴外输的阴性水液有维系督脉气血流行不息的作用,为人体的生命之本,故名命门。命门内含真阳(真火)、真阴(真水),能激发和主持五脏六腑及整个人体的生命活动。

命门是督脉上的阳穴,与其前后相连的神阙是任脉上的阴穴。神阙穴是人体先天真息元气的唯一潜藏之所,它同命门—阴—阳合成人体生命能源的所在地。

白猿通背拳锻炼坚持以腰总领一身之关节,腰的前后弯曲、左右旋转、上下盘旋、折叠旋转和躯干的纵向、横向、斜向开合等动作非常多,包括做热身运动练"随风摆柳"时,左右空拳或前臂敲打腰间和腹部时,只要一练功,即能使腰部前后对应的命门穴和神阙穴得到锻炼,启动人体胎息,促使人体真气充盈,精神饱满,体力充沛,腰肌强壮,耳聪目明,轻身延年。

人们常会使用"病入膏肓"这个成语来形容一个人病无可治。它源于《左传》中的一段典故,是说晋景公患了病,太医经过诊断,对景公说:"病入膏肓,药物已无济于事,无法治了。"后来景公不治而亡。

由于膏肓穴被肩胛骨遮盖,比较隐蔽,针不方便扎进去,刮痧渗透不进去,手也无法按到,在当年医疗技术水平有限的情况下,晋景公只能不治而亡。

唐代著名道士、药王孙思邈后来评论此事时说："时人拙，不能求得此穴，所以宿疾难遣，若能用心方便，求得灸之，无疾不愈矣。"他还在《千金方·杂病论》中说："膏肓能主治虚羸瘦损、五劳七伤……百病无所不疗"！可见膏肓穴的重要作用，尤其是在补益虚损、养肺调心的治疗上，应用更是十分广泛。

历代医家多认为，膏肓穴除了"用心方便，求得灸之"能疗疾治病外，通过自我锻炼也能使大病恶疾远离而去。

白猿通背拳形态、动作的基本要求就是"通背""背通"。其基本功"活背法""肩转8字""胸腹部横向开合"和"前胸空，后背绷"等动作，都会使遮盖膏肓穴的肩胛骨不断地运动，通过牵拉、打开、挤压，锻炼着膏肓穴。

白猿通背拳因为在全身轻松、舒适、自然的状态下运动，全身上下"一动俱动"，尤其能使人体重要的长寿穴充分得到锻炼，从而达到活跃气血、疏通经络、协调内脏、防治疾病，增强体质和延年增寿的奇特效果。

附录：老拳谱影印件

一、《通背猿拳术之要论》

> 通背猿拳术之要论
>
> 拳法一人敌也兵法万人敌也不重於此者熟读孙吴深明韬略而愿拳术者当读此究理以理推术可明五行之生尅四时之运转速人世之感应远世运之兴衰进退存亡之道吉凶晦明之举凡俗长变化之理昪敌之胜败皆可为宜上等国计下济民生助难持危或回反乱之时不可忘文章太平之时不可忘武备高明者身居世外隐居山林弹琴佩剑道逍世外石室虽小别有天地五车书三尺剑一炉香此吾之志耳末研究势法先研究理术势有善有不善理顺无有不善之势法有精有不精理顺无有不精之

法是以善学者务要先明其理，理顺无有不精善之法也。拳未出在我拳已出在人，虽千眼浮白出手老成亦难保必胜，或曰我势至精妙知更无善于我者生尅至化有一定之理，天下无必胜之英要知胜败全凭灵实灵则难攻实则易破。若彼灵吾实则性贪，贪之则力猛则出手无灵敌人一变手无策。一要入界须用缓缓而进自然活便。二要攻彼顾自身手手临深入心防敌变入即不深视有进无退敌势忽变束手无策雖有智术亦无可施也。凡败心宜静，凡胜气莫浮浑拳之最要者手法身法身手不可固执手眼身法步，心神意念足忽远忽近忽大忽小忽屈忽直忽进忽退。拳似流星目似电腰似蛇行腿如钻身法如电运如飞有时如

大鹏展翅有猿猴入洞灵活灵动方合一不可拘之亦大小强弱定胜负或曰守株以待免痴也对敌之时观其动静察其神情或向左或向右或灵或实或进或退可以先知迎其机破之斯为得法若等彼拳已出随后退之必不即矣。

附录：老拳谱影印件

《通背猿拳术之要论》

拳法一人敌也，兵法万人敌也。重于此者，熟读孙、吴，深明韬略。愿学本拳者，当读此究理。以理推术，可明五行之生克，四时之运转，通人世之感应，晓世运之兴衰；知进退存亡之道，吉凶晦明之举，消长变化之理。略敌知胜败，观阵知虚实。明是法，不求精而精，不求巧而巧矣。以保身、保家，皆可为宜。上筹国计，下济民生，助难扶危。

或曰：反乱之时不可忘文章，太平之时不可忘武备。高明者身居世外，隐居山林，弹琴佩剑，逍遥世外。石室虽小，别有天地。五车书，三尺剑，一炉香，此吾之志耳。

未研究势法，先研究理术。势有善有不善，理顺无有不善之势；法有精有不精，理顺无有不精之法。故善学者务要先明其理，理顺无有不精善之势法也。

拳未出在我，拳已出在人，千眼得白。虽出手老成，亦难保必胜。或曰：我势至精，安知更无善于我者？生克变化有一定之理，天下无必胜之英雄。

要知胜败，全凭虚实。虚则难攻，实则易破。若彼虚我实则性贪，贪之则力猛，出手无虚，敌人一变，则束手无策。一、要入界，需缓缓而进，自然活便。二、要攻彼，需顾自身自手，手随身入，心防敌变；如有进无退，敌势忽变，束手无策，虽有智术，亦无可施也。

凡败，心宜静；凡胜、气莫浮。

拳之最要者，手法、身法。身手不可固执，手眼身法步，心神意念足。忽远忽近，忽大忽小，忽曲忽直，忽进忽退。拳似流星眼似电，腰似蛇行腿如钻。周身如电，运转如飞，有时如大鹏展翅，有时如猿猴入洞。出手不可拘之，灵活灵动，方为合宜。以大小、强弱定胜负。或曰：守株以待兔，痴也。对敌之时，观其动静，察其神情，或向左或向右，或虚或实，或进或退，可以先知。迎敌机以破之，斯为得法。若等彼拳已出，随后退之，必不及矣。

二、《基本操手秘诀法》

基本操手訣法

要頭頂項領前胸空後背崩肩為扶擔琵琶骨活如扇二手川連

如星東吸胸沉氣探背鬆肩氣沉丹田勢在頂玄四六步多操練

中正不偏隨步搽拉永不換拳由口内發撒回歸脇下出手中正

要法提襠撞閆法浮寧活上下有柔剛柔相濟散則成風彌六合

聚則成形神貫通出手要冷行氣要醒粘衣發勁一指為正抓打

楞按與危撒冷脆快硬法正中手似鐘腕要粘輕為絲捲重似榙

急如貓捕鼠快似箭離弓時時刻刻記腰中週身貫成一合勁

垂以氣合力動靜分靜如處女動似脱兔此為動靜相分若出手時

眼似銅鈴手似槍刀發聲號令出手如炮。

> 不練鐵頂不操鐵襠要打狗皮袋多操八寶樁狗皮袋長操練日久天長手如鋼遇見邪門更方便鐵攢揪袍招鐵鞭抻筋搖腕挖腿提襠練通背之根操樁打袋是通背之本。
>
> 詩曰
>
> 通背拳法妙如神　由一而二生長門
> 五子十三摘要事　子母研究內裡音
>
> 詩曰
>
> 心猿心勁與心極　二十四式藏妙意
> 拆拳連拳同一理　並非分門別有奇

《基本操手秘诀法》

头顶项领，前胸空，后背绷，肩如扶担，琵琶骨活如扇，两手穿连似星串。吸胸沉气，探背松肩，气沉丹田，势在顶玄。四六步多操练，中正不偏，随步擦拉永不换。

拳由口内发，撤回归肋下。

立身中正，提裆垂间，法得灵活上下。有刚有柔，刚柔相济。散则成风弥六合，聚则成形神贯通。出手要冷，行气要醒，沾衣发劲，一指为正。抓打劈按兴微撤，冷脆快硬法正中。

手似镰，腕要黏。轻如丝卷，重似砣坠。急如猫捕鼠，快似箭离弓，时时刻刻在腰中。周身贯成意合力，以气合力动静分。静如处子，动似脱兔。出手时眼似铜铃，手似枪刀，发声号令，出手如砲。

不练铁顶，不操铁裆，要打狗皮袋，多操八宝桩。狗皮袋，常操练，日久天长手似铜，遇见邪门更方便。

抻筋摇腕，抱腿提裆为练通背之根；操桩打袋是练通背之本。